Le Boe 182

Oliver Hamilton

Star cocktails

Cocktail classici dai classici del cinema

TRADUZIONE DI
Francesca Bartellini

B.C.Dalai *editore*
Editori dal 1897

www.bcdeditore.it e-mail: info@bcdeditore.it

Traduzione dall'inglese di Francesca Bartellini

Titolo originale: «Star Cocktails»

ISBN 978-88-6073-675-8

INDICE

INTRODUZIONE

L'arte di saper bere raggiunge una particolare eleganza con i cocktail ed è a Hollywood che quest'arte è stata raccontata nella maniera più affascinante. Il libro che tenete tra le mani vi permetterà di preparare da voi il vostro star cocktail. Le ricette sono semplici da realizzare e richiedono soltanto l'attrezzatura di base. Molti dei cocktail citati vengono serviti da decenni. Alcuni sono tratti dal *Savoy Cocktail Book* di Harry Craddock, un classico pubblicato nel 1930 e da *Fine Art of Mixing Drinks* di David Embury, uscito vent'anni dopo*. Altri, invece, vengono dalle versioni originali di ricette storiche.

L'arte di mischiare

Anche se per descrivere la preparazione di un cocktail vengono utilizzati diversi termini tecnici, ci sono solo quattro modi per mischiare un drink: agitare, frullare, mescolare o stratificare. L'agitare è certamente il più comune: serve a raffreddare e diluire gli ingredienti mischiandoli bene insieme. Un buono shaker è un solido investimento. La cosa migliore è utilizzare uno shaker standard a tre pezzi, con un volume di almeno una pinta (cioè circa 47 centilitri), preferibilmente in acciaio inossidabile.

---

*Pubblicato in Italia nel 2007 con lo stesso titolo da Excelsior 1881.

Per ottimizzare il risultato, prima combinate gli ingredienti nella base dello *shaker*, poi riempitelo di ghiaccio per circa due terzi. Questa regola si applica anche al metodo del frullare: il risultato sarà migliore se gli ingredienti liquidi del drink vengono inseriti nel frullatore prima di aggiungere il ghiaccio. Mentre agitate il cocktail, assicuratevi sempre che il tappo dello shaker sia ben chiuso: fermate il tappo con una mano e con l'altra afferrate la base e agitate vigorosamente per circa 25 secondi. Mentre lo fate, posizionate sempre lo shaker lontano dai vostri ospiti. Levate il tappo e servite, attraverso il filtro, nei bicchieri che avrete già fatto raffreddare in frigorifero o nel congelatore.

Alcuni cocktail richiedono l'utilizzo di frutta fresca o erbe «pestate». Qualsiasi strumento spuntato va benissimo. Durante questa fase bisogna fare attenzione a non premere troppo forte e se possibile esercitare un movimento di torsione per assicurare che si liberino più profumo e aroma possibile. Stratificare i diversi ingredienti in un bicchiere richiede pratica e pazienza. Ogni liquido varia in densità e peso. Gli sciroppi che contengono livelli di zucchero elevati sono normalmente i più pesanti e giacciono in fondo a ogni bibita, i liquori cremosi sono invece spesso i più leggeri e normalmente restano a galla. Per ottenere un effetto migliore e più professionale possibile, versate ogni strato di liquido con un cucchiaio da bar o da minestra.

Non perdere la calma

Quando si prepara un cocktail, bisogna sempre avere a disposizione un'abbondante quantità di ghiaccio. Meglio non prepararlo con acqua corrente, utilizzando invece acqua minerale o acqua filtrata per evitare il possibile gusto chimico o di cloro. Siate generosi. Se una ricetta richiede un bicchiere colmo di ghiaccio, riempitelo fino all'orlo e non aggiungete solo qualche cubetto. La temperatura è cruciale se il drink deve essere rinfrescante. I cocktail tiepidi vanno gettati nel lavandino.

L'equilibrio è importante

Proporzione, equilibrio e consistenza del gusto sono l'anima di un buon cocktail, quindi misurare accuratamente gli ingredienti utilizzati è di fondamentale importanza. Uno shot è un misurino di 25 millilitri. Se si acquista un bicchiere con le misure indicate sui lati, è opportuno che vi siano indicate anche quelle di un quarto e di mezzo shot. La parola «dash» indica invece 4 o 5 gocce.

Gli ingredienti di base

Molti fra coloro che vorrebbero diventare esperti di cocktail vengono scoraggiati dal numero sconcertante di ingredienti esotici presenti in alcune ricette, ma in realtà per preparare la maggior parte dei grandi cocktail servono soltanto alcuni elementi di base. Non è necessario riempirsi la credenza di strani liquori per poi lasciarli inutilizzati per anni. Molti drink possono essere preparati con la seguente dozzina di ingredienti di base:

Vodka	Gin	Rum
Bourbon	Whisky	Cognac
Vermouth secco	Vermouth dolce	Tequila
Cointreau	Grand Marnier	Brandy all'albicocca

Vestirsi bene per l'occasione

Guarniti con buon gusto, tutti i drink diventano delle star. I coctkail più eleganti vengono serviti con guarnizioni commestibili. Evitate quindi sgargianti accessori di plastica e ombrellini di carta, e mirate all'understatement. Se usate una fettina di lime o di limone, deve essere il frutto più fresco e deve essere ben pulito. Ricordatevi di sciacquare le olive in salamoia prima di infilzarle con un bastoncino da cocktail.

Entrare in scena

Infine, se preparate i drink davanti ad altre persone, ricordate che la preparazione in sé è parte essenziale del piacere e del godimento derivanti da un buon cocktail. Non preoccupatevi se tutto va male. Rilassatevi, sedetevi comodi e godetevi il vostro drink.

I COCKTAIL
DALLA A ALLA Z

ALAMAGOOZLUM

¾ di shot di chartreuse gialla
¾ di shot di rum bianco
¼ di shot di Grand Marnier
¼ di shot di sciroppo di zucchero
½ shot di Jonge Jenever
¼ di shot di Angostura bitter
¼ di bianco d'uovo

Agitare tutti gli ingredienti in uno shaker pieno di ghiaccio. Filtrare in un bicchiere da Martini.

ALASKA

2 shot di gin
1 shot di chartreuse
1 shot di Sherry secco
3 dash di bitter all'arancia

Agitare tutti gli ingredienti con ghiaccio e filtrare il tutto in un bicchiere da Martini freddo.

Bing Crosby, *Alta società*

ALTA SOCIETÀ (1956)
Regia di Charles Walters

Interpreti: Bing Crosby, Grace Kelly, Frank Sinatra, Celeste Holm, Louis Armstrong e John Lund.

Questo musical della MGM è stato l'ultimo film interpretato da Grace Kelly prima di sposare il Principe Ranieri di Monaco e uscì tre mesi dopo il matrimonio. Si tratta di un remake di *Scandalo a Filadelfia*, interpretato da Kathryn Hepburn, Cary Grant e James Stewart, e la musica e le parole sono di Cole Porter.

In *Alta società* un musicista jazz, C.K. Dexter (Crosby), ex marito di Tracy Lord (Kelly) è ancora innamorato di lei, che però sta per risposarsi. Il suo futuro marito è George Kittredge (Lund), un uomo rispettabile, ma un po' stupido. Il terzo elemento del triangolo è il cronista Mike Connor (Sinatra), che sta facendo un servizio sul matrimonio per una rivista e si innamora di Tracy, che deve con quale uomo vuole stare.

Scandalo a Filadelfia segue una traccia simile. Kathryn Hepburn sta organizzando il suo secondo matrimonio, ma le cose vengono sconvolte dall'entrata in scena di un numero di ospiti non graditi né desiderati incluso suo padre, il suo primo marito e due cronisti di un giornale scandalistico. Cary Grant è il primo marito, e James Stewart e Ruth Hussey sono i cronisti.

Cole Porter ricevette una nomination all'Oscar per la miglior canzone grazie a *True Love*, mentre Johnny Green e Saul Chaplin la ricevettero per la migliore colonna sonora di un film musicale.

AMERICAN BEAUTY

½ shot di succo d'arancia spremuta
½ shot di granatina
½ shot di vermouth
½ shot di brandy
Un dash di Crème de Menthe
Un dash di Porto

Agitare tutti gli ingredienti in uno shaker pieno di ghiaccio, filtrare in un bicchiere freddo e aggiungere il Porto alla fine.

ANGEL FACE

½ shot di gin
½ shot di brandy all'albicocca
½ shot di Calvados

Agitare tutti gli ingredienti in uno shaker pieno di ghiaccio e filtrare in un bicchiere freddo.

ANGEL'S TIP

¾ di shot di crema di cacao
¼ di shot di panna

Versare il liquore in un bicchiere da Porto e lasciare che la panna vi galleggi sopra.

APOTHECARY

Le erbe hanno qualità quasi magiche, ma per riconoscerle ci vuole un esperto farmacista. Fortunatamente, per ovviare al problema è possibile reperire molti liquori a base di erbe. Questa ricetta, spesso raccomandata da Salvatore Calabrese, che è stato barista al Lanesborough Hotel di Londra e ora lavora al 50 St James, potrebbe essere l'ideale per ripristinare l'equilibrio del vostro stomaco. Dopo aver associato gli italiani Punt e Mes e Fernet Branca alla Crème de Menthe sarete pronti per affrontare il mondo.

1 shot di Fernet Branca
1 shot di Crème de Menthe
1 shot di Punt e Mes

Versare tutti gli ingredienti in un mixing glass, cioè una coppa per mescolare, piena di ghiaccio.
Mescolare bene e filtrare in un bicchiere da cocktail.

APPETISER

1½ shot di gin
½ shot di Dubonnet
Succo d'arancia spremuta

Agitare tutti gli ingredienti in uno shaker pieno di ghiaccio, quindi filtrarli in un bicchiere freddo.

APPLE JACK

½ shot di vermouth
½ shot di Calvados
1 dash di Angostura bitter

Agitare tutti gli ingredienti in uno shaker pieno di ghiaccio e filtrare in un bicchiere freddo.

APPLE MARTINI

2 shot e ½ di vodka
½ shot di Apple Schnapps
2 shot di succo di mela

Agitare gli ingredienti con ghiaccio e filtrare in un bicchiere freddo.

APPLE OF MY EYE

Nel Sud degli Stati Uniti, dopo una serata pesante o un giorno di duro lavoro, non c'è nulla di più rilassante che mischiare del succo di mela con del bourbon. Le fatiche della notte precedente e lo stress del giorno appena passato svaniscono dopo che il bourbon ha risvegliato gli spiriti e la mela ha ristabilito i livelli vitaminici e offerto qualche caloria. La menta, infine, aggiunge quella freschezza di cui una bocca spossata ha bisogno.

6 mele
Foglie di menta a piacere
1 shot e ½ di bourbon

Sbucciare le mele e togliere il torsolo.
Metterle in un frullatore o in uno spremiagrumi.
Aggiungere del ghiaccio e mescolare con il bourbon.

APRICOT COCKTAIL

½ shot di brandy all'albicocca
¼ di shot di succo di limone spremuto
¼ di shot di succo d'arancia spremuta
Un dash di gin

Agitare tutti gli ingredienti in uno shaker pieno di ghiaccio e filtrare in un bicchiere da Martini.
Guarnire con una fettina di albicocca.

ASSASSIN

¼ di shot di Crème de Menthe bianca
¼ di shot di Fernet Branca
½ di shot di Porto

Mescolare insieme tutti gli ingredienti e servire senza ghiaccio in un bicchiere old fashioned.

ATTA BOY COCKTAIL

¼ di shot di vermouth secco
½ shot di gin
4 dash di granatina

Agitare tutti gli ingredienti in uno shaker pieno di ghiaccio e filtrare in un bicchiere da Martini anch'esso pieno di ghiaccio.

AURA

60 ml di latte
2 cucchiai da tavola di miele

Mescolare portando ad ebollizione in un pentolino. Versare in un boccale e berlo il più caldo possibile.

Se avete abbastanza forza per andare a lavorare, un po' di rum verso le 9 del mattino, dopo che vi siete seduti alla vostra scrivania, vi darà l'energia per affrontare un'altra giornata. La ricetta vi fornisce i fluidi di cui avete gran bisogno, e anche gli zuccheri.

Succo d'arancia spremuta o un'arancia
Succo di limone spremuto o mezzo limone
30 millilitri di rum leggero

Mescolare in un pentolino portando ad ebollizione e servire in un bicchiere resistente al calore.

Il terzo stadio dell'Aura è una sorta di pausa caffé modificata. Verso le 11 di mattina vi sentirete già più pimpanti, sarete di compagnia e in grado di sorridere ai vostri colleghi.

¼ di shot di Campari
1 shot di vodka
3 shot di succo di pomodoro
¼ di shot di succo di limone spremuto
3 dash di salsa Worcestershire

Mettere tutti gli ingredienti in uno shaker pieno di ghiaccio e agitare. Filtrare in un bicchiere highball pieno di ghiaccio.

John Gilbert, *La vedova allegra*

AVIATION COCKTAIL

¼ di shot di succo di limone spremuto
½ shot di gin
2 dash di maraschino

Agitare gli ingredienti con il ghiaccio e filtrarli in un bicchiere da Martini pieno di ghiaccio.

AVIATOR

1 shot di gin
1 shot di vermouth secco
1 shot di vermouth dolce
1 shot di Dubonnet

Mescolare gli ingredienti con del ghiaccio e filtrare in un bicchiere freddo.

BACK TO WORK

Questa cura per i postumi della sbornia è raccomandata da Francis Ane, capo barista all'Orly Hilton di Orly, in Francia. È fatta di liquori, limone ricco di vitamine e succo di pomodoro che contiene licopene, un forte anti-ossidante. Il Tabasco, invece, è in grado di risvegliare una lingua e una bocca spossate. Dopo aver bevuto, bisognerebbe bere anche un bel bicchierone d'acqua fredda.

1 shot di bourbon o di whisky di segale
1 shot di succo di pomodoro
2 shot di succo d'arancia spremuta
1 dash di Tabasco

Agitare gli ingredienti insieme e servire in un bicchiere highball con molto ghiaccio.

BATIDA DE COCO

2 shot e ½ di cachaça Sagatiba
1 shot e ½ di crema di noce di cocco
1 shot di latte di noce di cocco

Mescolare gli ingredienti con ghiaccio e versare in un bicchiere.

BELLINI

Succo di pesca
Champagne secco

Riempire con il succo di pesca metà di una flûte da champagne. Riempire fino all'orlo con lo champagne e mescolare. Servire ben freddo e guarnire con una fettina di pesca sul bordo del bicchiere.

Il Bellini originale è una creazione di Giuseppe Cipriani dell'Harry's Bar di Venezia, che nel 1945 scelse il nome del suo cocktail in onore del pittore rinascimentale Giovanni Bellini: il colore del drink gli ricordava il rosa onnipresente nell'opera dell'artista.

Personaggi come Ernest Hemingway - probabilmente il più grande bevitore del mondo, Orson Welles, Sinclair Lewis, F. Scott Fitzgerald e Dorothy Parker hanno tessuto nel tempo le lodi dell'Harry's Bar e oggi gli amanti dei cocktail arrivano in pellegrinaggio da tutto il mondo in questo piccolo locale per assaggiare il Bellini originale. Le pesche bianche che si usano per prepararlo maturano solo nei mesi tra maggio e settembre, quindi molti bar servono il Bellini solo durante questo periodo.

Leslie Caron e Louis Jordan, *Gigi*

GIGI (1958)
Regia di Vincente Minnelli

Interpreti: Leslie Caron, Louis Jourdan, Maurice Chevalier e Hermione Gingold.

Il film è considerato quasi all'unanimità l'ultimo grande musical prodotto dalla MGM. Ambientato a Parigi all'inizio del 1900, inizia con Honoré Lachaille (Chevalier) che suggerisce a suo nipote Gaston (Jourdan), un giovane ricco e annoiato, che il matrimonio non è la sola alternativa nella vita di un uomo. La cosa che piace di più a Gaston è passare il suo tempo con Madame Alvarez (Gingold), che lui chiama Mamita, e sua nipote Gilberte, piena di buone qualità e nota anche come Gigi (Caron). Anche a Gigi piace stare con Gaston, che considera un fratello maggiore.

Secondo il costume di famiglia, Madame Alvarez manda Gigi dalla zia Alicia, per essere educata come cortigiana e come amante di uomini ricchi, e imparare quindi l'etichetta e il portamento. La giovane si sente una futile studentessa e non riesce a capire il senso di quel tipo di educazione. Gaston si innamora di Gigi, che ormai non è più la ragazzina che era abituato a frequentare, e dice a Mamita che vuole averla come amante, promettendo per la ragazza ricchezza e affetto. Ma Gigi rifiuta l'idea, dicendogli che vuole ben altro per se stessa: non certo essere un oggetto sessuale che gli uomini si dividono. Gaston non pensava certo di offrirle una vita del genere della e se ne va scioccato. Ma Gigi si è innamorata a sua volta e decide che preferisce essere infelice con lui piuttosto che senza di lui. Alla fine l'amore vince su tutto e Gaston domanda a Marmita la mano di Gigi.

BACARDI COCKTAIL

1 shot di rum Bacardi Light
1 cucchiaio da tè di lime spremuto
1 cucchiaio da tè di granatina
1 cucchiaio da tè di acqua minerale fredda

Per un drink rosa perfetto e delizioso fate attenzione che il rum, il succo di lime e la granatina siano presenti in egual misura.
Agitare tutti gli ingredienti in uno shaker pieno di ghiaccio e filtrare in un bicchiere freddo.

Il rum Bacardi è stato prodotto per la prima volta da Don Facundo Bacardi a Santiago de Cuba. La compagnia da lui fondata era talmente rigorosa riguardo l'unicità del suo rum che nel 1936 fece causa al gestore di un bar di New York nel quale il Bacardi Cocktail veniva preparato senza Bacardi. Il tribunale stabilì che il Bacardi era unico e il giudice decise che il Bacardi Cocktail poteva essere preparato solo con il Bacardi.

BALLET RUSSE

2 shot di vodka
1 shot di crema di cassis
1 shot di succo di lime spremuto

Agitare gli ingredienti con ghiacco e filtrare in un bicchiere freddo.

BALTIMORE EGGNOG

¾ di shot di brandy
¾ di shot di Madeira
½ shot di rum
1 cucchiaio da tavola di sciroppo di zucchero
1 uovo
½ shot di panna densa da cucina
2 shot di latte fresco

Versare tutti gli ingredienti in uno shaker pieno di ghiaccio. Agitare bene.
Filtrare in un bicchiere highball pieno di ghiaccio.
Aggiungere in superficie della noce moscata appena grattugiata.

BANANA COW

¾ di shot di rum bianco
Una banana
2 shot di latte
1 dash di Angostura bitter
1 dash di essenza di vaniglia
1 cucchiaio da tè di zucchero

Versare tutti gli ingredienti in un frullatore e frullare per 10 secondi.
Aggiungere una cucchiaiata di ghiaccio tritato e frullare di nuovo fino a che il tutto non diventa morbido.
Servire in un calice.

BATONNET

Secondo alcuni una delle più fastidiose conseguenze del bere è la difficoltà a prendere sonno. Se il giorno dopo vi capita di sentirvi stanchi, Colin Peter Field, il barista del Bar Hemingway dell'hotel Ritz di Parigi, ha la soluzione per voi. Ai suoi clienti consiglia un gran rivitalizzante come il Cognac, combinato con acqua tonica e vino bianco.

⅔ di shot di cognac
2 shot di vino bianco secco
2 stecche di cannella
Acqua tonica

Versare il cognac e il vino bianco in un bicchiere senza stelo pieno di ghiaccio.
Spezzare le stecche di cannella e farle cadere nel bicchiere.
Infine aggiungere l'acqua tonica.

BARBARY COAST

¼ di shot di gin
¼ di shot di whisky
¼ di shot di crema di cacao
¼ di shot di panna densa

Agitare in uno shaker ben colmo di ghiacco e servire in un bicchiere Collins.

BELMONT

½ shot di gin
½ shot di granatina
1 cucchiaio da tè di panna

Agitare tutti gli ingredienti in uno shaker pieno di ghiaccio e filtrare in un bicchiere da Martini.

BENTLEY

½ shot di Calvados
½ shot di Dubonnet

Agitare gli ingredienti in uno shaker pieno di ghiaccio e filtrarli in un bicchiere da Martini.

BETWEEN THE SHEETS

1 shot di rum leggero bianco
1 shot di Cointreau o triple sec
1 shot di cognac
¾ di shot di succo di limone appena spremuto
½ shot di sciroppo di zucchero
½ shot di acqua minerale fredda

Mettere tutti gli ingredienti in uno shaker pieno di ghiaccio e poi filtrare in un bicchiere freddo.

BIG BOY

⅔ di shot di brandy
¼ di shot di Cointreau
¼ di shot di sciroppo di limone

Agitare tutti gli ingredienti in uno shaker pieno di ghiaccio e filtrare in un bicchiere da Martini.

BLACK VELVET

2 ½ shot di Guiness Stout
Champagne a piacere

Versare gli ingredienti in un bicchiere freddo.

I buoni bevitori che non hanno mai pranzato la domenica con un paio di Black Velvet sono certamente pochi. Nel caso non abbiate ancora scoperto il suo potere ristoratore, eccovi la ricetta. Associare Champagne e Guinness è un'idea nata al Brook's Club nel 1861. Si dice sia venuta al barista che, a causa della morte del Principe Alberto, il marito della Regina Vittoria, sentì la necessità di preparare un drink di color nero.

BLOODHOUND

2 shot di Campari
1 shot di vodka
3 shot e ½ di succo di pompelmo appena spremuto

Agitare tutti gli ingredienti con ghiaccio e filtrare in un bicchiere pieno di ghiaccio.

BLOOD TRANSFUSION

L'alcol cura la sbornia e i fastidi che sentite allo stomaco, il Fernet Branca vi risveglia e le calorie ristabiliscono i livelli di zucchero nel sangue. È un long-drink, quindi aiuta la reidratazione. Una combinazione che vi cura oppure vi uccide. Così si dice.

1 shot di vodka
1 shot di Sherry
1 shot di Fernet Branca
4 shot di succo di pomodoro
1 shot di succo di lime appena spremuto
Un pizzico di sale di sedano
2 dash di salsa Worcestershire

Riempite un bicchiere Highball con cubetti di ghiaccio.
Versate prima la vodka e lo Sherry sul ghiaccio e poi aggiungete il succo di pomodoro e il succo di lime, quindi il sale di sedano e infine la salsa Worcestershire. Mescolate.
Versate il Fernet Branca sopra il cocktail ottenuto.

BLOODY BULL

1 shot di vodka
1 pezzettino di dado di manzo
1 shot di succo di pomodoro
½ shot di succo di limone appena spremuto
2 dash di salsa Worcestershire
Un pizzico di sale di sedano

Versare tutti gli ingredienti in uno shaker da cocktail pieno di ghiaccio.
Agitare.
Filtrare in un bicchiere Highball pieno di ghiaccio.

BLOODY CESAR

1 shot di vodka
3 shot di Clamato (una mistura di pomodoro e succo di vongole)
½ shot di succo di limone appena spremuto
Un pizzico di sale di sedano
1 dash di Tabasco
2 dash di salsa Worcestershire
Pepe nero appena macinato

Versare il Clamato e il succo di limone in un bicchiere Highball pieno di ghiaccio.
Aggiungere la vodka e gli altri ingredienti.
Mescolare.
Guarnire il bordo del bicchiere con una fettina di lime.
Servire con uno stirrer, il cucchiaio lungo che serve per mescolare le bevande.

BLOODY MARY

50 millilitri di vodka
Succo di pomodoro

Miscela di spezie:
2 dash abbondanti di Tabasco e di salsa Worcestershire
Un pizzico di sale di sedano
Un pizzico di pepe nero appena macinato
1 dash di succo di limone
Un cucchiaio da tè di salsa Horseradish
Una fettina di limone
Un gambo di sedano

Frullare insieme gli ingredienti della miscela delle spezie in un bicchiere apposito.
Versare la vodka in un bicchiere Highball pieno di ghiaccio e aggiungere il succo di pomodoro e la miscela di spezie.
Girare energicamente.
Guarnire con una fettina di limone e un gambo di sedano.

Fernan Petiot lavorava all'Harry's New York Bar di Parigi quando se ne uscì con l'idea del leggendario Bloody Mary. Lo chiamò così per via di Roy Barton, uno dei suoi clienti, in onore del nightclub di Chicago, Bucket of Blood, dove Barton si era esibito. Il nome non deriva, come qualcuno crede, dalla Regina Mary, il cui soprannome era «la sanguinaria» a causa delle persecuzioni contro i protestanti da lei ordinate durante il XVII secolo. Fu solo più tardi, quando Petiot lavorava al King Cole Bar delll'hotel Saint Regis di Manhattan, che ebbe l'idea di aggiungere al cocktail la salsa Worcestershire, dopo che il gestore dell'hotel, Serge Obolansky, si era lamentato della sua mancanza di carattere.
Quando, Vincent Astor, il proprietario del locale, venne a sapere

del nome, lo ribattezzò Red Snapper, benché successivamente questo nome sia stato praticamente ignorato dai ricchi e famosi clienti che preferirono il nome originale. Il gambo di sedano è stato aggiunto solo nel 1960, quando un barista dell'Ambassador Hotel di Chicago vide uno dei suoi clienti utilizzarlo per mescolare il suo drink.

BLOODY MARIA

1 shot di Tequila
3 shot di succo di pomodoro
1 dash di succo di limone appena spremuto
Un pizzico di sale di sedano
Un pizzico di pepe nero
4 dash di Tabasco
4 dash di salsa Worcestershire

Versare tutti gli ingredienti in uno shaker da cocktail pieno di ghiaccio.
Agitare e filtrare in un bicchiere Highball pieno di ghiaccio.
Guarnire con un gambo di sedano e una fettina di limone.

BLUE BIRD

2 shot di gin
1 shot di Blue Curaçao
¾ di shot di succo di limone appena spremuto
¼ di sciroppo di mandorle

Agitare tutti gli ingredienti con il ghiaccio e filtrare in un bicchiere da Martini.

BLUE BLAZER

2 cucchiai di miele semiliquido
¾ di shot di acqua bollente
3 shot di Scotch
6 scorze di limone

Mescolare il miele con l'acqua bollente e la scorza di limone. Aggiungere lo Scotch e mescolare di nuovo.
Dar fuoco alla miscela e mescolare con un cucchiaio fino a che la fiamma si spegne.

The Blue Blazer fu originariamente inventato dal «Professor» Jerry Thomas nel XIX secolo. La leggenda vuole che quando egli «accese» gli ingredienti in un boccale di metallo, li mescolò poi versando l'infuso infuocato in un altro boccale. Non cercate di farlo a casa vostra.

BLUES COCKTAIL

½ shot di whisky
½ shot di Curacao
Un cucchiaio da tavola di sciroppo di prugne

Agitare tutti gli ingredienti in uno shaker pieno di ghiaccio e versare in un bicchiere freddo.

Lauren Bacall, *Il grande sonno*

IL GRANDE SONNO (1946)
Regia: Howard Hawks

Interpreti: Humphrey Bogart, Lauren Bacall, John Ridgely, Martha Vickers, Dorothy Malone.

Questa è la prima versione cinematografica del romanzo scritto nel 1939 da Raymond Chandler, uno dei suoi migliori polizieschi. È un giallo molto complesso, che confonde lo spettatore e sfida la logica. Il protagonista è il detective privato Philip Marlowe, alle prese con falsi indizi, dialoghi indimenticabili, battute salaci, duri, donne sexy e scene d'azione.

I protagonisti, in questo film piuttosto contorto, appaiono confusi quanto il pubblico riguardo quel che accade durante le scene chiave. Quel che disorienta di più è il fatto che alcuni personaggi centrali della trama non appaiono mai sullo schermo da vivi, altri personaggi appaiono solo brevemente o vengono uccisi poco dopo la loro comparsa e informazioni determinanti vengono deliberatamente omesse.

Dal momento che la maggior parte dei film noir conta su una voce fuori campo che spiega i punti chiave della storia, ne *Il grande sonno*, al pubblico è permesso ascoltare il punto di vista del detective e trarre quindi le proprie conclusioni sulla sua ricerca di soluzioni.

Qualche critico ha detto che in questo film, più che la solita storia del ricatto sull'omicidio, sono importanti il metodo stilistico e il processo di ricerca del detective, con cui lo spettatore si identifica progressivamente condividendolo mano a mano che Marlowe entra nell'oscuro mondo del crimine, viaggiando da un opprimente scenario all'altro, da un personaggio malvagio all'altro, incontrando donne perdute, passando da una donna fatale all'altra per poi alla fine scoprire l'amore con la protagonista femminile.

BOSTON FLIP

Gli Eggnogs sono entrati in auge negli anni Trenta, ma drink simili venivano preparati già nel XVII secolo. Contenevano uova sbattute, alcol, spezie e zucchero. Il Boston Flip si mescolava travasando più volte il cocktail tra due recipienti fino a che la consistenza non si faceva liscia e morbida, poi si scaldava la miscela prima di servirla. Oggi non viene più servito come long drink e, a differenza di prima, viene servito freddo, di solito cosparso di noce moscata. Coloro che non amano il rum o il bourbon possono usare altri superalcolici.

½ shot di bourbon
½ shot di Madeira
1 tuorlo d'uovo
1 dash di sciroppo di zucchero

Versare tutti gli ingredienti in uno shaker da cocktail riempito di ghiaccio.
Scuotere bene.
Filtrare in un calice.
Guarnire con noce moscata grattugiata.

BOURBON MILK PUNCH

2 shot di whisky
½ shot di Galliano
1 shot di panna densa
1 shot di latte

Mescolate tutti gli ingredienti in uno shaker pieno di ghiaccio e filtrate in un bicchiere da Martini freddo.

BOURBON HIGHBALL

1 shot di bourbon
Ginger ale
Una buccia di limone

Versare il bourbon in un bicchiere Highball pieno di ghiaccio, riempire con ginger ale e guarnire con la buccia di limone.

Un Highball per tradizione contiene solo due ingredienti, normalmente un superalcolico e un analcolico. La semplicità dell'Highball lo rende una scelta perfetta e rinfrescante da servire alle feste.

Jack Lemmon, *Come uccidere vostra moglie*

COME UCCIDERE VOSTRA MOGLIE (1965)
Regia: Richard Quine

Interpreti: Jack Lemmon, Virna Lisi, Claire Trevor, Eddi Mayehoff

Stanley Ford (Lemmon) è un disegnatore di fumetti che vive una spensierata vita da scapolo, frequentando feste pazzesche e andando a caccia di belle donne. Dopo essersi sbronzato a una festa di addio al celibato di un amico, senza rendersene conto chiede la mano aa una stupenda pupa italiana. Un giudice, ugualmente sbronzo, durante la festa origlia per caso la proposta di matrimonio di Stanley e servizievolmente improvvisa una cerimonia. Stanley si sveglia il mattino dopo con un gran mal di testa. Accanto a lui c'è la bellissima donna uscita fuori dalla torta durante la festa. Dapprima non ricorda nulla di quel che è successo la notte precedente. Poi, la terribile verità comincia a farsi strada nella sua mente.

Il mondo di Stanley viene puntualmente messo a soqquadro dalla nuova moglie, che si compra vestiti e scarpe con i suoi soldi, riempie il bagno di cosmetici e guarda la televisione tutta la notte.

Stanley comincia ad averne davvero abbastanza quando, assolutamente per caso, la moglie si sente offesa da uno dei suoi fumetti e se ne va. La polizia arriva e tira velocemente le sue conclusioni, arrestandolo per l'omicidio della moglie e per essersi disfatto del corpo trasportandolo in un vicino cantiere. Al processo, Stanley licenzia il suo incompetente avvocato e decide di difendersi da solo, dichiarandosi colpevole d'omicidio e chiedendo di essere assolto per legittima difesa.

La giuria, interamente composta da uomini frustrati dal modo in cui le rispettive mogli hanno distrutto la loro spensierata vita da scapoli, lo giudica non colpevole e quindi lo assolve, sotto le occhiatacce di fuoco delle donne presenti.

Nel finale però la moglie ricompare dal nulla e i due si riconciliano. Stanley si rende conto che dopotutto la ama e che, malgrado siano così diversi, la vita è molto meglio con lei che senza di lei.

BOURBON PICK-ME UP

½ shot di bourbon
½ shot di Branca Menta
½ shot di succo di limone appena spremuto
8 foglie di menta

Versare tutti gli ingredienti in uno shaker da cocktail pieno di ghiaccio.
Agitare.
Filtrare in un bicchiere old-fashioned pieno di ghiaccio.
Guarnire con un rametto di menta fresca.

Questo cocktail è raccomandato specialmente a coloro che hanno bevuto troppo bourbon la notte prima. Ben Reed, che è stato barman al Met Bar di Londra, suggerisce di prepararlo con menta fresca, associandola al Branca Menta e al bourbon.

BOURBON SMASH

4 foglie di menta
10 lamponi
3 shot di succo di mirtillo rosso
1 shot di succo di lime appena spremuto
2 shot e ½ di bourbon
½ shot di sciroppo di zucchero
1 dash di Angostura bitter

Disporre i lamponi sul fondo dello shaker e aggiungere il resto degli ingredienti.
Agitare in uno shaker pieno di ghiaccio e filtrare in un bicchiere freddo.

BRANDY ALEXANDER

1 shot di brandy
½ shot di crema di cacao bianca
½ shot di crema di cacao scura
½ shot di panna densa
½ shot di latte
Noce moscata macinata

Versare tutti gli ingredienti e un dash di panna fresca in uno shaker pieno di ghiaccio.
Agitare energicamente.
Guarnire con una spruzzata di noce moscata macinata.

Originariamente l'Alexander era una combinazione di crema di cacao, panna e gin, anche se il gin più tardi è stato sostituito con il brandy. Bevuto dopo cena, è una ricca e deliziosa alternativa al dolce.

BRANDY FIZZ

1 shot e ½ di cognac
¾ di shot di succo di limone appena spremuto
1 shot di sciroppo di zucchero
Aggiungere soda a piacere

Agitare il cognac, il succo di limone e lo sciroppo di zucchero in uno shaker pieno di ghiaccio.
Filtrare in un bicchiere Collins e aggiungere la soda.

Barry Nelson, *Te la senti stasera?*

BRANDY FLIP

1 shot di brandy
¼ di shot di panna densa
1 tuorlo d'uovo
1 dash di sciroppo di zucchero

Mescolare accuratamente tutti gli ingredienti in un mixing glass.
Filtrare in un bicchiere freddo e cospargere di noce moscata appena macinata.

Il Flip è un qualsiasi liquore miscelato con un uovo e solitamente addolcito con panna, talvolta servito caldo come delizioso bicchierino prima di andare a letto. Il flip semplice è fatto con un tuorlo d'uovo associato al brandy. Lo zucchero riequilibra gli zuccheri nel sangue e il grasso delle uova assicura che questi non calino appena il drink è stato bevuto.

BRANDY MILK PUNCH

2 shot di cognac
3 shot di latte
1 shot di panna densa
1 dash di estratto di vaniglia

Agitare tutti gli ingredienti con ghiaccio e filtrare in un bicchiere da Martini freddo.

BRADFORD

2 shot e ½ di gin
½ shot di vermouth secco
2 dash di bitter all'arancia

Agitare gli ingredienti in uno shaker pieno di ghiaccio e filtrare in un bicchiere da Martini freddo.

BRANDY SOUR

2 shot di cognac
½ shot di sciroppo di zucchero
Mezzo bianco d'uovo
1 shot di succo di limone appena spremuto
2 dash di Angostura bitter

Agitare gli ingredienti in uno shaker pieno di ghiaccio e filtrare in un bicchiere freddo.

BRAZEN MARTINI

3 shot di vodka
½ shot di Parfait Amour

Mescolare gli ingredienti con ghiaccio e filtrare in un bicchiere freddo.

BREAKFAST EGG NOG

Ecco un eggnog un po' più complicato. Come tutti i nog, anche questo è ricco di grassi e proteine, e anche di zucchero, così da correggere il livello degli zuccheri nel sangue. Il suo contenuto d'alcol serve a curare i postumi della sbornia e a fornire un po' di sollievo. Tutto sommato è un'ottima miscela di chi non se la sente di fare colazione con uova al bacon e succo di frutta.

1 uovo fresco
1 shot di Curaçao all'arancia
1 shot di brandy
5 shot di latte
Noce moscata grattugiata

Versare gli ingredienti, salvo il latte, in uno shaker da cocktail pieno di ghiaccio.
Agitare.
Filtrare in un bicchiere Highball e aggiungere il latte.
Mescolare.
Spargere la noce moscata appena grattuggiata.

BROOKLYN

2 shot di bourbon
1 shot di vermouth secco
½ shot di amaretto

Mescolare tutti gli ingredienti con ghiaccio in un bicchiere freddo.

BULLSHOT

Bangkok è famosa per le sue molte attrattive, ma pochi sanno che qui è nato il vero Bullshot. Ideato da Axel Gorlach del Rama Hotel, questo cocktail contro il mal di testa da bevuta divenne rapidamente famoso in tutto il mondo. Alcuni lo raccomandano al posto del pranzo, altri lo servono in sostituzione delle minestre e molti di coloro che soffrono dei postumi di una sbornia l'hanno bevuto come se fosse una medicina.
Il suo nome deriva dalla presenza del brodo di manzo, essenziale ma non invadente. Il Tabasco e la salsa Worcestershire gli danno una marcia in più.

3 shot di brodo di manzo
1 dash di succo di limone appena spremuto
Un pizzico di sale di sedano
1 dash di Tabasco
2 dash di salsa Worcestershire
½ shot di vodka
Pepe verde appena macinato
Una fettina di lime

Versare il brodo, il succo di limone, il sale di sedano, il Tabasco e la salsa Worcestershire in uno shaker da cocktail pieno di ghiaccio, poi aggiungere la vodka.
Agitare.
Filtrare in un bicchiere Highball.
Aggiungere una manciata di pepe nero appena macinato.
Guarnire con una fettina di lime sull'orlo del bicchiere.
Servire con una bacchetta lunga per mescolare.

BUNNY HOG

2 shot di gin
2 shot di whisky
2 shot di assenzio

Agitare tutti gli ingredienti in uno shaker pieno di ghiaccio e filtrare in un bicchiere freddo.

BUCK'S FIZZ

Champagne secco
Succo di arancia appena spremuto

Versare gli ingredienti in un bicchiere freddo e mescolare piano.

Come il Bloody Mary, il Black Velvet o il Bullshot, per gli amanti del cocktail il Buck's Fizz è come il panettone a Natale. Fu inventato nel 1921 da Mr Mc Garry, un barista del Buck Club di Londra, che ha sempre insistito sul fatto che il drink debba essere composto per due terzi di champagne e per un terzo di succo d'arancia e si risentiva molto se qualcuno ne cambiava le dosi. Un classico senza tempo.

Joan Crawford, *So che mi ucciderai*

SO CHE MI UCCIDERAI (1952)
Regia: David Miller

Con Joan Crawford, Jack Palance, Gloria Grahame, Bruce Bennett

Basato sul romanzo omonimo di Edna Sherry, *So che mi ucciderai* venne prodotto da Joseph Kaufman e ricevette diverse nomination agli Oscar, tra cui quella per la miglior fotografia.

Myra Hudson (Crawford) è un'agiata ereditiera e un'autrice teatrale di successo che incontra l'attore Lester Blaine (Palance) dapprima mentre sta facendo il casting per il suo nuovo lavoro e poi, lo stesso giorno, sul treno durante il viaggio di ritorno. Nonostante il fallimento del provino, i due si innamorano e decidono in breve di sposarsi.

Dopo aver scoperto che Myra sta scrivendo il suo testamento e intende lasciare la maggior parte del suo patrimonio a una fondazione e a lui solo 10mila dollari all'anno, Lester decide di ucciderla prima che il testamento venga depositato. Coinvolge nel suo ignobile disegno una sua vecchia fiamma, Irene Neves (Gloria Grahame), ma la loro conversazione viene registrata dal magnetofono di Myra. Dopo averla ascoltata, la donn va nell'appartamento di Irene e ruba una pistola, progettando di uccidere Lester e incastrare Irene per la sua morte. Alla fine non sarà però capace di arrivare fino in fondo e lascerà l'appartamento e Lester. Il ruolo di Lester Blaine era stato originariamente offerto a Marlon Brando.

CAMEL

Per quelli a cui non piacciono troppo i classici drink contro la sbornia, F.Krikzonis del Club 17 di Atene ha escogitato una combinazione di ouzo e succo di pomodoro. Anche il Camel dovrebbe essere bevuto al mattino presto, preferibilmente con una colazione che includa carboidrati ricchi di amidi come farina d'avena, cereali o anche un bel toast con un gran bicchiere di spremuta d'arancia.

½ shot di ouzo
2 shot di soda
Succo di limone appena spremuto
1 dash di Angostura bitter
Ghiaccio

Se due ore dopo aver bevuto questa miscela tremate ancora un po', provate ad aggiungere un Alexandrette: ghiaccio, un bianco d'uovo, un misurino da 44ml di cognac e uno di panna, e mezza tazza di caffè.

CAMOMILLE FIZZ

2 shot di vodka
4 shot di tè di camomilla
Soda

Agitare la vodka e la camomilla con il ghiaccio.
Versare in un bicchiere pieno di ghiaccio e riempire con soda.

CAMPARI NOBILE

½ shot di vodka
½ shot di Campari
¼ shot di limoncello
2 shot di spremuta d'arancia mescolata a succo di lampone
Bitter al limone
Lamponi, un rametto di menta e una buccia d'arancia

Versare tutti gli ingredienti, tranne il bitter al limone, in uno shaker da cocktail pieno di ghiaccio e agitare.
Filtrare in un bicchiere Highball pieno di ghiaccio.
Aggiungere infine il bitter e mescolare.
Guarnire con cinque lamponi, un rametto di menta e una fetta di arancia sul bordo del bicchiere.
Servire con una cannuccia e una bacchetta lunga per mescolare.

CECIL PICK-ME-UP

1 tuorlo d'uovo
1 shot di brandy
1 cucchiaio da tè di brandy
Champagne secco

Versare tutti gli ingredienti, tranne lo champagne, in uno shaker pieno di ghiaccio.
Filtrare in un bicchiere da champagne.
Aggiungere lo champagne fino a riempire il bicchiere.

Richard Burton, *Vittoria amara*

VITTORIA AMARA (1958)

Regia: Nicholas Ray

Interpreti: Curt Jurgens, Richard Burton, Raymond Pellegrin, Ruth Roman, Anthony Bushell.

In Nord Africa, durante la Seconda Guerra Mondiale, due ufficiali, il capitano inglese Leith (Burton) e il maggiore sudafricano Brand (Jurgen), devono condurre un'audace irruzione per rubare alcuni importanti documenti da un comando nazista in Libia.

Tra i due non c'è molta intesa, e le cose peggiorano con l'arrivo della moglie di Brand, Jane (Ruth Roman): quando Brand la presenta a Leith si scopre infatti che i due erano stati legati sentimentalmente, molto tempo prima, ma Leith aveva improvvisamente interrotto la relazione e successivamente Jane aveva incontrato Brand. Leith e Jane cercano di mantenere il segreto sulla loro passata relazione, ma Brand si insospettisce quando li trova che ballano insieme e quando la donna si tradisce chiamando Leith con il nome di «Jimmy».

I due ufficiali conducono l'irruzione e le cose vanno piuttosto bene finché Brand non esita a sparare a una sentinella tedesca e Leith si vede costretto a intervenire per ammazzarla, facendo accrescere il suo rancore nei confronti del compagno.

Il gruppo ruba i documenti e comincia a fuggire attraverso il deserto, inseguito da una pattuglia tedesca, e Leith inizia a nutrire sospetti su un possibile doppio gioco condotto da Brand. Dopo aver visto questo film, Jean Luc Godard disse: «Il cinema è Nicholas Ray».

CHAMPAGNE COCKTAIL

Champagne secco
½ shot di brandy
1 cubetto di zucchero bianco
Angostura bitter

Immergere il cubetto di zucchero nel bitter di Angostura e metterlo nel flûte di champagne.
Aggiungere il brandy e riempire di champagne versando delicatamente.

Lo Champagne Cocktail è un classico, come i film durante i quali viene sorseggiato. Comparve nel XIX secolo ne *Il manuale del grande gaudente, ovvero il grande libro dei cocktail* di Jerry Thomas (pubblicato in Italia da Feltrinelli nel 2007) ma conquistò una fama internazionale quando a New York il barista John Dougherty vinse una gara di cocktail con un drink praticamente identico, chiamato Business Brace.

CHAMPAGNE CUP

¾ di shot di cognac
½ shot di grand marnier
¼ di shot di succo di maraschino
Aggiungere champagne a piacere

Mescolare il cognac, il grand marnier e il succo di maraschino con il ghiaccio e filtrare in un flûte.
Riempire con lo champagne.

CHAMPAGNE DAISY

1 shot di chartreuse gialla
1 shot di succo di limone appena spremuto
1 dash di granatina
Champagne

Scuotere la chartreuse, il succo di limone e la granatina in uno shaker pieno di ghiaccio.
Filtrare in un flûte e riempire di champagne.

CHARLIE CHAPLIN

1 shot e ½ di sloe gin
1 shot e ½ di brandy all'albicocca
1 shot di succo di limone appena spremuto

Agitare tutti gli ingredienti in uno shaker pieno di ghiaccio e filtrare in un bicchiere senza stelo.

CLIPPER COCKTAIL

2 shot di rum bianco leggero
2 shot di vermouth secco
½ shot di granatina

Agitare tutti gli ingredienti un uno shaker pieno di ghiaccio e filtrare in un bicchiere pieno di ghiaccio tritato.

Humphrey Bogart e Ingrid Bergman in *Casablanca*

CASABLANCA (1942)
Regia: Michael Curtiz

Interpreti: Humphrey Bogart, Ingrid Bergman, Paul Henreid, Claude Rains, Conrad Veidt.

Rick Blain, proprietario del Rick's Café Americain, è obbligato ad abbandonare il suo cinico approccio alla realtà per aiutare una sua vecchia fiamma e suo marito, leader della Resistenza, a scappare dal Marocco, controllato dal regime di Vichy, per continuare la lotta contro i nazisti.

Blaine, americano espatriato, apparentemente neutrale nei confronti della guerra, in realtà trafficava in armi con l'Etiopia durante l'invasione italiana e ha combattuto a fianco dei repubblicani durante la guerra civile spagnola, contro i nazionalisti di Francisco Franco.

La sua ex amante, Ilsa Lund (Bergman) e il marito, Victor Laszlo (Paul Henreid), hanno bisogno di documenti che permettano loro di lasciare Casablanca per trasferirsi negli Usa. Rick fornisce loro i documenti e spara a un maggiore nazista che cerca di impedire alla coppia di prendere l'aereo.

Louis Renault (Rains), capo della polizia, rendendosi conto del misero futuro che aspetta lui e Rick a Casablanca, gli propone di raggiungere la Francia libera a Brazzaville. Mentre camminano uscendo dall'aeroporto, Rick pronuncia una delle più famose battute nella storia del cinema: « Louis, penso che questo sia l'inizio di una splendida amicizia».

COLD COMFORT

6 cucchiai di miele liquido
2 shot di rum
1 shot di succo di lime appena spremuto

Agitare tutti gli ingredienti con ghiaccio e filtrare in un bicchiere pieno di ghiaccio.

COLLINS

2 shot di Jonge Jenever
1 shot di succo di limone appena spremuto
½ shot di sciroppo di zucchero
Soda

Agitare il Jonge Jenever, il succo di limone e lo sciroppo di zucchero in uno shaker pieno di ghiaccio e riempire con la soda.

CORPSE REVIVER

1 bicchiere di Pernod
Succo di limone appena spremuto
Champagne

Versare il succo di limone e il Pernod in una coppa da champagne sopra un cubetto di ghiaccio.
Aggiungere champagne fino a riempire.
Mescolare piano e servire.

Più tardi, il Savoy fece la sua versione, che per molti è il Corpse Reviver per eccellenza.

1 shot di brandy
1 shot di vermouth dolce
1 shot di Calvados

Versare tutti gli ingredienti in un mixing glass pieno di ghiaccio.
Mescolare.
Filtrare in un bicchiere da cocktail.

In seguito, Johnny Johnson, uno dei barman del Savoy American Bar di Londra, ha introdotto un'altra variazione.

1 shot di brandy
1 shot di Crème de Menthe bianca
1 shot di Fernet Branca

Versare tutti gli ingredienti in un bicchiere pieno di ghiaccio.
Mescolare e filtrare in un bicchiere da cocktail.

Humphrey Bogart e Lizabeth Scott, *Solo chi cade può risorgere*

SOLO CHI CADE PUO' RISORGERE (1947)
Regia: John Cromwell

Con Humphrey Bogart, Lizabeth Scott, Morris Carnovsky, William Prince.

Terminata la Seconda Guerra Mondiale, al capitano dei paracadutisti Rip Murdock (Bogart) e al sergente Johnny Drake (Prince) viene richiesto senza alcuna spiegazione di recarsi a Washington. Drake apprende che gli verrà conferita la Medaglia d'Onore, mentre Murdock riceverà la Croce al Valore, ma il primo scompare prima che i fotoreporter possano ritrarlo. Murdock riesce a rintracciare l'amico a Gulf City, dove gli viene detto che è morto in un incidente d'auto.

Murdock investiga e scopre che in realtà Drake si era arruolato sotto falso nome per evitare un'accusa di omicidio: quella di aver ucciso un ricco e anziano signore perché si era innamorato di sua moglie Coral (Scott). Murdock si unisce a Coral per cercare di risolvere il caso ma presto comincia a sospettare di lei. Affronta la questione e la donna ammette di aver ucciso il marito per legittima difesa. Anche Murdock si innamora di Coral e insieme progettano di lasciare la città.

COSMOPOLITAN

½ shot di vodka
½ shot di Cointreau o triple sec
4 shot di succo di mirtillo rosso
½ di succo di limone spremuto

Agitare tutti gli ingredienti in uno shaker e filtrare in un bicchiere freddo.

Benché il cosmopolitan sia ritenuto una versione del Harpoon fatta con vodka e mirtillo rosso, in realtà il cocktail è stato creato da Cheryl Cook mentre lavorava al The Strand di South Beach, a Miami. Cheryl usò come base del suo drink la vodka Absolut al limone, da poco sul mercato, aggiungendovi una manciata di mirtilli in modo da creare il color rosa.

CRANBERRY COLLINS

1 shot vodka
2 shot di succo di mirtillo rosso
2 shot di succo di arancia spremuta
Soda

Scuotere la vodka, il succo di mirtillo e il succo d'arancia con ghiaccio.
Versare in un bicchiere pieno di ghiaccio e aggiungere la soda fino a riempirlo.

CUBA LIBRE

1 shot di rum bianco
Succo di lime appena spremuto
Coca-Cola

Versare il rum in un bicchiere Collins pieno di ghiaccio. Tagliare il lime in quarti e spremerlo nel bicchiere. Mescolare e servire con cannucce.

La leggenda sul cocktail vuole che intorno al 1890 un gruppo di soldati americani si riunisse in un bar dell'Avana bevendo rum e Coca-Cola. Il capitano propose un brindisi alla libertà e il grido di battaglia fu «Cuba libre!». Dato che la Coca-Cola all'Avana all'epoca non c'era, la storia sembra proprio inventata. Comunque l'associazione di questo drink con i militari continuò finché la sua popolarità salì alle stelle durante la Seconda Guerra Mondiale.

CUBAN SPECIAL

2 shot di rum
2 shot di succo di ananas
¼ di shot di succo di lime appena spremuto

Agitare gli ingredienti con ghiaccio e versare in un bicchiere da Martini pieno di ghiaccio.

DAIQUIRI

1 shot di rum leggero o Golden
½ shot di succo di lime appena spremuto
2 cucchiai da té di sciroppo di zucchero

Versare tutti gli ingredienti in uno shaker pieno di ghiaccio. Agitare con vigore e filtrare in un bicchiere freddo. Servire liscio o con ghiaccio.

Si dice che il primo Daiquiri sia stato preparato da Jenning Cox, un ingegnere che stava lavorando in una miniera di rame a Cuba nel 1896. Una sera incontrò l'amico Pagliuchi, anche lui ingegnere, e creò un drink con gli ingredienti che avevano sottomano. La nipote di Cox racconta una storia diversa: Cox stava intrattenendo degli amici americani e servì del lime e dello zucchero con il loro rum per rendere più gradevole il gusto del superalcolico. Da Cuba il drink ha viaggiato fino in America con l'ammiraglio Lucious Johnson, che lo portò all'Army & Navy Club di Washington nel 1898, dopo aver combattuto la guerra contro la Spagna in quello stesso anno.
Uno dei più famosi fan del Daiquiri era Ernest Hemingway, che visse a Cuba e si abbandonò alla sua passione per il bere, spesso con drink doppi, noti come Papa Dobles in suo onore.
Una volta scrisse a proposito del cocktail che gli ricordava il mare: «La parte del drink che è frappé assomiglia alla scia di un'imbarcazione, mentre la parte chiara sembra l'acqua quando viene solcata dalla prua in acque basse, su fondo fangoso. È quasi dello stesso esatto colore».

DANDY COCKTAIL

1shot e ½ di bourbon
1shot e ½ di Dubonnet
½ shot di Cointreau o triple sec
3 dash di Angostura bitter

Mescolare tutti gli ingredienti in un bicchiere pieno di ghiaccio e filtrare in un bicchiere freddo.

DARK'N'STORMY

2 shot di rum
1 shot di succo di lime appena spremuto
½ shot di di sciroppo zucchero
Birra ginger

Agitare il rum, il succo di lime e lo sciroppo di zucchero in uno shaker con ghiaccio e filtrare in un bicchiere pieno di ghiaccio.

DEATH IN THE AFTERNOON

1 shot di assenzio
Champagne

Agitare l'assenzio con il ghiaccio, filtrare e riempire con champagne.

Ideato da Ernest Hemingway.

Alec Guiness, *Il nostro agente all'Avana*

IL NOSTRO AGENTE ALL'AVANA (1959)
Regia: Carol Reed

Interpreti: Alec Guinness, Burl Ives, Ralph Richardson, Noel Coward, Maureen O'Hara, Ernie Kovacs.

Il film è un adattamento dell'omonimo romanzo di Graham Greene, ma aggiunge una certo tono leggero tono all'atmosfera del libro.

James Wormold (Guinness) è un venditore di aspirapolveri nella Cuba pre-castrista. È stato arruolato dai servizi segreti inglesi per fare la spia all'Havana. Ma invece di reclutare nuovi agenti, si limita a fingere di farlo, costruendo i loro personaggi prendendo spunto da persone che ha visto in giro. Usando pezzi dell'aspirapolvere schizza dei piani per una piattaforma di lancio di razzi in modo da rendersi indispensabile al MI6, così da poter ricevere più soldi per sé e anche per poter aiutare finanziariamente la sua stravagante figlia, Milly.

Dopo essere stato promosso di ruolo, gli vengono inviati come collaboratori una segretaria, Beatrice, e un operatore radiofonico. Questo complica le cose perché per James diventa sempre più difficile perpetrare il suo inganno.

Alla fine tutte le false informazioni cominciano ad avverarsi. Uno dei falsi agenti viene ucciso e Wormold è vittima di un tentativo di assassinio. Dice tutto alla segretaria e viene richiamato a Londra. Lì resiste alla tentazione di confessare, ma i suoi comandanti confezionano una storia secondo cui la sua piattaforma è stata smantellata. Gli viene data una medaglia all'onore e gli viene offerta una cattedra per insegnare lo spionaggio ai nuovi agenti.

DIPLOMAT

2 shot di vermouth secco
2 shot di vermouth dolce
1 dash di maraschino

Mescolare tutti gli ingredienti con ghiaccio e filtrare in un bicchiere senza stelo pieno di ghiaccio.

DIXIE

2 shot di gin
2 shot di Martini Dry
1 dash di assenzio

Agitare tutti gli ingredienti con ghiaccio e filtrare in un bicchiere freddo da Martini.

DUBONNET COCKTAIL

2 shot di Dubonnet
2 shot di gin secco

Agitare gli ingredienti con ghiaccio e filtrare in un bicchiere da Martini freddo.

DOCTOR

1 shot di golden rum
1 shot di punch svedese
½ shot di succo di limone appena spremuto

Agitare tutti gli ingredienti in uno shaker pieno di ghiaccio e filtrare in un bicchiere da Martini freddo.

DOLCE AMARO

1 shot di Campari
1 shot di vermouth secco
½ shot di amaretto

Mescolare tutti gli ingredienti con ghiaccio e filtrare in un bicchiere freddo.

DOWNHILL RACER

2 shot di golden rum
1 shot di amaretto
2 shot di succo di ananas appena spremuto

Agitare tutti gli ingredienti in uno shaker pieno di ghiaccio e filtrare in un bicchiere freddo.

DRY MARTINI

1 shot di gin
Vermouth secco
Un'oliva verde oppure una scorza di limone

Aggiungere una goccia o due di vermouth in un mixing glass pieno di ghiaccio.
Mescolare e filtrare il liquido in eccesso.
Aggiungere ghiaccio, gin e mescolare di nuovo.
Aspettare fino a che il mixing glass non è ben freddo e poi filtrare in un bicchiere da Martini freddo.
Guarnire con una scorza di limone o con un'oliva verde.

Le origini del Martini sono oggetto di dibattito e avvolte nel mistero. Qualcuno sostiene che il suo ideatore sia stato Martini di Arma di Taggia, un barista che lavorava al Knickerbocker Hotel di New York alla fine del XIX secolo. Non tutti gli amanti dei cocktail sono però d'accordo con questa ricostruzione: altri sostengono che il nome deriva dalla città californiana di Martinez, dove un cercatore d'oro bevve il primo Martinez Special addirittura nel 1849. Una minoranza, infine, sostiene che rappresenti un'evoluzione dal Manhattan fatta con gin invece che con whisky.

Comunque sia andata, per diversi decenni il nome Martini è stato utilizzato per indicare qualsiasi tipo di drink contenesse quantità variabili di gin e/o vodka e vermouth e i puristi utilizzano ancora questo criterio. Nel 1950 il drink che oggi conosciamo comincia a fare la sua comparsa nei libri di cocktail, mescolato invece che agitato.

EARTHQUAKE

1 shot di gin
1 shot di whisky
1 shot di assenzio

Scuotere tutti gli ingredienti con ghiaccio e filtrare in un bicchiere freddo.

Se arriva un terremoto mentre state bevendo non ve ne accorgerete neanche.

EAST INDIA COCKTAIL

½ shot di succo d'ananas
½ shot di curaçao all'arancia
3 shot di brandy
1 dash di Angostura bitter

Agitare tutti gli ingredienti con ghiaccio e filtrare in un bicchiere freddo.

EMBASSY ROYAL

1 shot e ¾ di bourbon
1 shot di Drambuie
1 shot di vermouth rosso
1 shot di succo d'arancia appena spremuto

Agitare tutti gli ingredienti con ghiaccio e filtrare in un bicchiere freddo.

David Niven, *L'impareggiabile Godfrey*

L'IMPAREGGIABILE GODFREY (1936)
Regia: Henry Koster

Interpreti: David Niven, June Allyson, Martha Hyer, Eva Gabor.

Remake di una delle più deliziose e svitate commedie fra quelle girate nel periodo della Grande Depressione, il film racconta la storia di una serie di personaggi un po' fuori di testa appartenenti a una famiglia incredibilmente ricca e poco convenzionale che assume un barbone come proprio maggiordomo dopo essersi imbattuta in una colonia di vagabondi. La nuova posizione sociale fornisce al maggiordomo grandi opportunità, fra cui quella di bere a piacimento il Martini che è solito offrire ai suoi datori di lavoro. Il maggiordomo insegnerà alla famiglia come vanno le cose nella vita reale, facendo loro capire che la nobiltà non consiste nell'essere ricchi.

EL DIABLO

2 shot di tequila
¾ di shot di Crème de Cassis
1 shot di succo di lime appena spremuto
Birra ginger

Agitare la tequila, la crème de cassis e il succo di lime in uno shaker pieno di ghiaccio e filtrare in un bicchiere Collins pieno di ghiaccio.
Aggiungere della ginger beer a piacere.

EMPIRE

1 shot di brandy all'albicocca
1 shot di Calvados
2 shot di gin

Agitare tutti gli ingredienti con ghiaccio e filtrare in un bicchiere freddo.

ENGLISH GARDEN

2 shot di gin
3 shot di succo di mele torbido
½ shot di Elderflower Cordial
½ shot di succo di lime spremuto

Agitare tutti gli ingredienti con ghiaccio e filtrare in un bicchiere pieno di ghiaccio.

EPISCOPAL

1 shot e ½ di chartreuse verde
1 shot e ½ di chartreuse gialla

Mescolare gli ingredienti con ghiaccio e filtrare in un bicchiere freddo.

E.T.

½ shot di liquore al melone
½ shot di Bailey's Irish Cream
½ shot di vodka

Versate gli ingredienti a strati in un bicchiere da shot freddo.

FALLEN ANGEL

1 shot di gin
1 dash di Crème de Menthe bianca
1 dash di Angostura bitter
1 dash di succo di limone appena spremuto

Versate tutti gli ingredienti in uno shaker da cocktail riempito di ghiaccio.
Agitare bene.
Filtrare in un bicchiere da cocktail.

FASCINATOR

1 shot di vermouth secco
2 shot di gin
Un rametto di menta fresca
2 dash di assenzio

Mescolare tutti gli ingredienti in uno shaker pieno di ghiaccio e filtrare in un bicchiere da Martini.

FERNET BRANCA COCKTAIL

Questa ricetta si affida al potere delle erbe ed è il rimedio preferito di molti baristi esperti. Il Fernet Branca è fatto in Italia e contiene estratti da oltre quaranta erbe. Il suo nome è quello della famiglia che lo commercia dal 1844. Tra le varie erbe, è composto di aloe vera, angelica, camomilla, cinchona (che serve a preparare il chinino), genziana, menta, zafferano, ruta e assenzio.

1 shot di Fernet Branca
1 shot di vermouth dolce
1 shot di gin

Versate gli ingredienti in uno shaker da cocktail pieno di ghiaccio. Agitate.
Filtrate in un bicchiere da cocktail.

FLIP

2 shot di superalcolici (gin, brandy, whisky…)
1 shot di sciroppo di zucchero
½ shot di panna densa

Agitare gli ingredienti con ghiaccio e filtrarli in un bicchiere freddo.

FLYING SCOTSMAN

2 shot di whisky
2 shot di vermouth dolce
2 dash di Angostura bitter

Mescolare gli ingredienti con ghiaccio e filtrarli in un bicchiere alto con ghiaccio.

FOG CUTTER

1 shot di rum
½ shot di cognac
½ shot di gin
½ shot di succo di lime appena spremuto
2 shot di succo d'arancia appena spremuto

Mescolare gli ingredienti con ghiaccio e filtrare in un bicchiere riempito di ghiaccio.

L'UOMO OMBRA (1934)
Regia: W.S. Van Dyke

Interpreti: William Powell, Myrna Loy, Maureen O'Sullivan, Nat Pendleton.

Nominato all'Oscar come miglior film, scritto da Albert Hackett e Frances Goodrich è basata sul romanzo *The Thin Man* di Dashiell Hammiett, *L'uomo ombra* è iscritto nello *United States National Film Registry* perché giudicato significativo dal punto di vista culturale, storico ed estetico.

Nick (Powell), ex detective amante dell'alcol, e Nora Charles, una ricca ereditiera (Loy) sono una coppia sposata che sta cercando di godersi la pensione. Nick ricomincia a svolgere la sua attività di investigatore a causa della scomparsa di Clyde Wynant, un suo vecchio amico la cui ex fidanzata è stata trovata morta. Nonostante Wynant sia il principale indiziato, sua figlia Dorothy si rifiuta di crederlo colpevole e persuade Nick a prendere in mano il caso. Con il drink sempre in mano e l'espressione sarcastica e divertita, l'ex detective si lancia a raccogliere indizi. Durante una festa serale, cui partecipano anche gli altri sospetti, l'assassino viene finalmente smascherato.

FOG LIFTER

Questa ricetta, elaborata per dissolvere le nebbie della disperazione dopo una notte di gravi perdite al gioco, è stata inventata da Walt Hudson al favoloso Flamingo Hotel di Las Vegas.

1 shot di brandy
1 shot di Pernod
1 shot di panna densa
1 uovo

Mescolare tutti gli ingredienti in un bicchiere e servire.
Dopo averlo bevuto, ogni cosa dovrebbe apparire più chiara.

FOG HORN

2 shot di gin
½ shot di Rose's Lime Cordial
Ginger ale

Versare gli ingredienti in un bicchiere pieno di ghiaccio.

FIFTH AVENUE

1 shot di crema di cacao
1 shot di brandy all'albicocca
1 shot di panna densa

Versare gli ingredienti in un bicchiere da liquore facendo attenzione che non si mescolino.

FINE AND DANDY

1 shot di succo di limone appena spremuto
1 shot di Cointreau o triple sec
2 shot di gin
1 dash di Angostura bitter

Mescolare tutti gli ingredienti in uno shaker pieno di ghiaccio e filtrare in un bicchiere da Martini.

FIZZ

2 shot di superalcolici (whisky, vodka, brandy o gin)
2 shot di succo di limone appena spremuto
½ shot di sciroppo di zucchero
Aggiungere soda a piacere

Mescolare i superalcolini, il succo di limone e lo sciroppo di zucchero in un bicchiere pieno di ghiaccio, filtrare in un bicchiere Collins e aggiungere la soda.

FOX TROT

2 shot di Bacardi Rum
2 shot di succo di lime appena spremuto
2 gocce di Orange Curaçao

Mescolare tutti gli ingredienti in uno shaker pieno di ghiaccio e filtrarli in un bicchiere da Martini.

Charles Hawtrey, *Sei giovane solo una volta*

FROUPÉ

2 shot di vermouth dolce
2 shot di brandy
1 cucchiaio da tè di Bénédictine

Mescolare tutti gli ingredienti in uno shaker pieno di ghiaccio e filtrarli in un bicchiere da Martini freddo.

FUZZY NAVEL

2 shot di Schnapps alla pesca
4 shot di succo di arancia appena spremuta

Mescolare gli ingredienti con ghiaccio e filtrare in un bicchiere alto riempito di ghiaccio.

FRANKLIN MARTINI

⅔ di shot di gin
⅓ di shot di vermouth secco
2 olive verdi

Mescolare il vermouth con il ghiaccio e filtrare per scartarne l'eccesso, lasciando il bicchiere e il ghiaccio ricoperti di vermouth. Quindi versare il gin sopra al ghiaccio coperto di vermouth e filtrare in un bicchiere da Martini freddo.
Guarnire con le olive. Il Franklin Martini, è stato chiamato così in onore di Franklin Roosevelt.

Greer Garson e Lew Ayres, *Una donna dimenticata*

GIBSON

50 millilitri di gin
Vermouth secco
2 cipolline fredde infilate su uno stecchino

Riempire un mixing glass con del ghiaccio e versarvi qualche goccia di vermouth secco.
Mescolare per 15 secondi, o comunque finché il vermouth non ricopre il ghiaccio, quindi filtrare il liquido all'esterno.
Riempire il mixing glass di ghiaccio, aggiungere il gin e mescolare finché il ghiaccio non si è smerigliato e la miscela ben raffreddata.
Versare in un bicchiere da Martini o su del ghiaccio in un bicchiere piccolo e rotondo. Guarnire con le cipolline.

Si dice che il Gibson sia nato all'inizio del XX secolo. A partire dall'ultima decade del secolo precedente, e per molti degli anni a venire, i disegni di Charles Dana Gibson comparvero regolarmente nelle riviste più glamour ed erano l'equivalente delle supermodelle di oggi. Il nome Gibson deriva dalle Gibson girls, sempre ben dotate – per questo ci sono le due cipolle. Gibson era un membro del Players' Club di New York, al cui barista venne l'idea delle due cipolle.

Betty Davis e George Sanders, *Eva contro Eva*

STORK CL

EVA CONTRO EVA (1950)
Regia: Joseph L. Mankiewicz

Interpreti: Bette Davis, Anne Baxter, George Sanders, Celeste Holm, Gary Merrill, Marilyn Monroe

Questo crudo e realistico ritratto dello show business e della vita dietro le quinte di Broadway ricevette quattordici nomination agli Oscar - un record battuto solamente da *Titanic* nel 1997 - e ne vinse sei, incluso quello per il miglior film.

Eva contro Eva è considerato quasi all'unanimità un capolavoro, un classico nel quale sia la recitazione che la regia sono perfetti.

Il film se la prende con le astute, rampanti, false e arriviste teatranti che inseguono il successo a tutti i costi senza preoccuparsi dei sentimenti degli altri, ma tratta anche della paura di invecchiare e perdere la fama che assale molti attori.

L'interpretazione di Bette Davis nei panni della protagonista Margo Channing è considerata da molti come la sua migliore. In un momento in cui per la Davis le proposte iniziavano a diminuire, la parte di una quarantenne attrice di Broadway le si confaceva perfettamente. Il film venne adattato per il teatro con il titolo di *Applause*, interpretato da Lauren Bacall nel ruolo di Margo Channing. Spesso viene citato come «il film dei tre suicidi», visto che tre membri del cast, George Sanders, Marilyn Monroe e Barbara Bates, si tolsero la vita.

GIMLET

1 shot di gin
½ shot di Rose's Lime Cordial
Una fettina di lime

Mescolare tutti gli ingredienti con ghiaccio e filtrare in un bicchiere da Martini.

Il gimlet era un piccolo dispositivo usato originalmente come rubinetto per i barili di superalcolici sulle navi della marina britannica nel XIX secolo. Il Rose's Lime Cordial fu creato proprio da un armatore: nel 1867 Lauchlin Rose escogitò un cordiale a base di succo di frutta e zucchero, lo imbottigliò e brevettò la ricetta vendendola poi ai marinai, che bevevano quel liquore per prevenire lo scorbuto durante i viaggi. Rose trovò un mercato molto favorevole per il suo prodotto, dato che la marina militare fu costretta dal Merchant Shipping Act a trasportare succo di lime per prevenire le malattie delle persone a bordo. Gli ufficiali, che avevano accesso al gin, combinarono il superalcolico con il cordiale per preparare il Gimlet.

934-12

NATA PER DANZARE (1936)
Regia: Roy Del Ruth

Interpreti: Curt Jurgens, Richard Burton, Raymond Pellegrin, Ruth Roman, Anthony Bushell.

Girato dopo l'omonimo musical, che segnò il trionfale debutto della ballerina Eleanor Powell a Broadway, il film può contare su una colonna sonora scritta appositamente da Cole Porter. Il plot segue la trama di numerosi film dell'epoca. In questo caso un marinaio in licenza, Ted (Stewart), incontra una ragazza di nome Nora (Powell), i due si innamorano e poi allestiscono uno stravagante spettacolo di cabaret.

Nata per danzare vanta un raro numero musicale di James Stewart e un brillante finale, *Swingin' The Jinx Away*.

GIN AND IT

2 shot di gin
1 shot di vermouth dolce

Mescolare gli ingredienti con ghiaccio e filtrare in un bicchiere da Martini pieno di ghiaccio.

GIN DAISY

2 shot e ½ di gin
¼ di shot di granatina
¼ di shot di succo di limone appena spremuto

Agitare tutti gli ingredienti in uno shaker pieno di ghiaccio e filtrare in un bicchiere pieno di ghiaccio tritato.
Mescolare e servire con cannucce.

GIN SLING

1 shot e ½ di gin
1 shot e ½ di liquore alla ciliegia
1 shot di succo di limone appena spremuto
Soda

Agitare il gin, il liquore e il succo di limone in uno shaker pieno di ghiaccio.
Filtrare in un bicchiere pieno di ghiaccio e aggiungere soda.

GIN & TONIC

1 shot di gin
Acqua tonica

Versare gli ingredienti in un bicchiere Collins pieno di ghiaccio e servire con una cannuccia.

Qualcuno può obiettare che il gin and tonic non è, strettamente parlando, un cocktail, ma in realtà sarebbe da classificare come un Highball. Certamente è uno dei più popolari drink conosciuti e uno dei più semplici da preparare.

Secondo gran parte degli esperti, la combinazione di gin e acqua tonica nasce in epoca coloniale, nel XIX secolo, in India, dove i britannici la bevevano per prevenire le malattie causate dal clima caldo.

George Clooney, *Out Of Sight*

OUT OF SIGHT (1998)
Regia: Steven Soderbergh

Interpreti: George Clooney, Jennifer Lopez, Ving Rhames, Don Cheadle, Steve Zahn, Albert Brook, Dennis Farina, Luis Guzman, Isaiah Washington, Michael Keaton.

Prima collaborazione artistica tra Soderbergh e George Clooney, il film racconta la relazione tra un rapinatore di banche, Jack Foley (Clooney), e uno sceriffo federale, Karen Sisco (Lopez). Presa in ostaggio dal malvivente, quest'ultima, dopo essersi liberata, inizia a dargli la caccia. Vuole davvero arrestarlo o si è innamorata di lui?

GLOOM CHASER

1 shot di granatina
1 shot di Grand Marnier
1 shot di Orange Curaçao
1 shot di succo di limone appena spremuto

Agitare gli ingredienti in uno shaker pieno di ghiaccio e filtrare in un bicchiere da Martini.

GODFATHER

2 shot di Scotch
1 shot di amaretto

Mescolare gli ingredienti con ghiaccio e filtrare in un bicchiere pieno di ghiaccio.

GRAND MIMOSA

1 shot di Grand Marnier
2 shot di arancia appena spremuta
Champagne

Agitare il Grand Marnier e il succo d'arancia in uno shaker pieno di ghiaccio e filtrare in un flûte freddo.
Aggiungere lo champagne fino a riempire il bicchiere.

HAIR OF THE DOG

1 shot di Scotch Whisky
1 shot di panna
3 cucchiaini di miele

Versare tutti gli ingredienti in uno shaker da cocktail pieno di ghiaccio tritato.
Filtrare in un bicchiere da Martini.

P.G. Wodehouse escogitò una ricetta che il suo fedelissimo Jeeves seguiva per servire un drink a Bertie Wooster ogni volta che le sue mattine erano disturbate dai postumi di una sbornia. Secondo alcuni, l'uso del miele, rispetto ad altri dolcificanti, mantiene più elevato il tasso di zucchero nel sangue, ma in realtà è vero il contrario. Il durevole successo del cocktail è dovuto al fatto che l'alcol e lo zucchero del miele vengono associati alla panna. Quest'ultima contiene grasso e proteine che impediscono l'assorbimento rapido del drink.

Sydney Greenstreet, *That Way With Women*

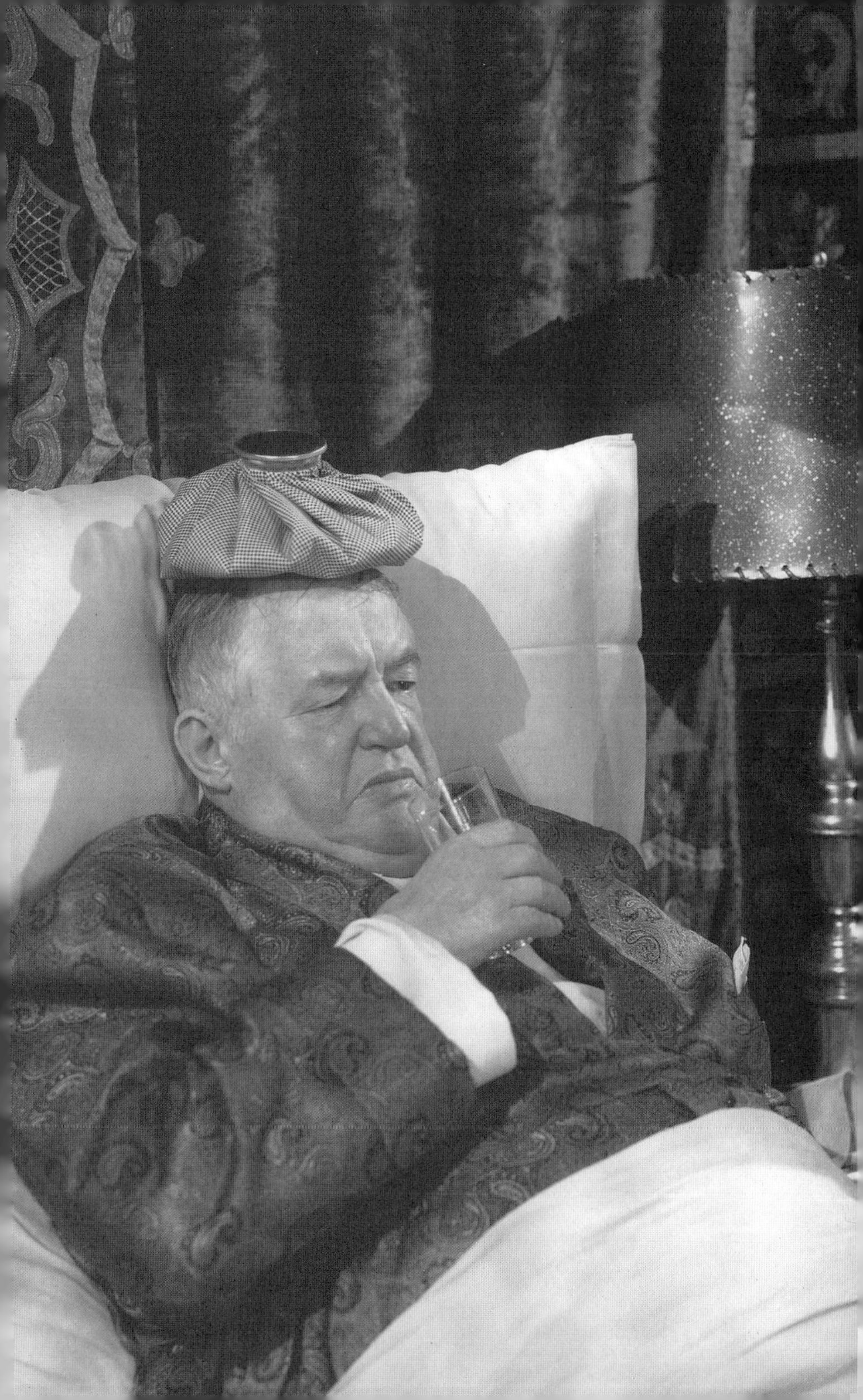

HANKY PANKY

1 shot di vermouth dolce
1 shot di gin
2 dash di Fernet Branca

Agitare tutti gli ingredienti in uno shaker pieno di ghiaccio e filtrare in un bicchiere da Martini freddo.

HARRY'S PICK-ME UP

1 shot di brandy
1 cucchiaio da tè di granatina
Succo di limone appena spremuto
Champagne

Agitare tutti gli ingredienti, tranne lo champagne, in uno shaker da cocktail pieno di ghiaccio.
Filtrare in un flûte nel quale è già stato versato lo champagne.

Questo è un semplice drink che veniva servito da Salvatore Calabrese durante la sua permanenza al Lanesborough Bar di Londra, ma può essere preparato anche a casa - anche da qualcuno la cui testa stia pulsando e il cui cervello non sia in funzione. La granatina aggiunge un tocco distintivo.

HEART STARTER

½ shot di Fernet Branca
½ shot di Crème de Menthe
Pernod

Mescolare i primi due ingredienti con ghiaccio finché non sono ben freddi, poi filtrare in un bicchiere.
Lasciare galleggiare in superficie un generoso strato di Pernod.

Il resto del mondo pensa agli australiani come a dei bevitori di birra ma John Burgess del Diamond Bar del Menzies Hotel di Sydney ha inventato questa ricetta che, così dicono, annullerà anche i peggiori postumi di una sbornia. Annusare il drink prima di berlo permetterà di inalare il Pernod per liberare la testa e migliorare le sensazioni e il sapore percepito dalla bocca.

HEAVEN'S ABOVE

2 shot di golden rum
¼ di shot di crema di cacao scura
½ shot di liquore al caffè
3 shot di succo di ananas

Agitare tutti gli ingredienti con ghiaccio e versare in un bicchiere con ghiaccio.

HEMINGWAY

1 shot di anice
Champagne

Versare l'anice in un flûte freddo e aggiungere lo champagne fino a riempire il bicchiere.

HOBSON'S CHOICE

2 shot e ½ di succo di mela torbido
2 shot e ½ di succo d'arancia appena spremuta
1 shot di succo di lime appena spremuto
½ shot di granatina

Agitare tutti gli ingredienti in uno shaker pieno di ghiaccio e filtrare in un bicchiere anch'esso pieno di ghiaccio.

HONEY BEE

2 shot di rum bianco leggero
2 cucchiai di miele semi-liquido
½ shot di succo di limone appena spremuto

Mescolare il rum al miele in uno shaker.
Aggiungere ghiaccio e succo di limone, agitare e filtrare in un bicchiere freddo.

HOP TOAD

3 shot di brandy all'albicocca
1 shot di succo di limone appena spremuto

Agitare tutti gli ingredienti in uno shaker pieno di ghiaccio e filtrare in un bicchiere riempito con ghiaccio.

HOT SHOT

$\frac{3}{4}$ di shot Galliano
$\frac{3}{4}$ di shot di caffè espresso caldo
$\frac{1}{2}$ shot di panna densa

Mettere strato dopo strato gli ingredienti in un bicchiere da shot: dapprima il Galliano, poi il caffè e infine la panna.

HURRICANE

1 shot di whisky
1 shot di gin
1 shot di Crème de Menthe
2 shot di succo di limone appena spremuto

Agitare tutti gli ingredienti in uno shaker pieno di ghiaccio e filtrare in un bicchiere anch'esso pieno di ghiaccio.

ICED TEA

½ shot di cognac
½ shot di rum
½ shot di Cointreau o triple sec
½ shot di succo d'arancia appena spremuta
½ shot di succo di limone appena spremuto
2 shot di tè freddo
Coca-Cola

Agitare tutti gli ingredienti, eccetto la Coca-Cola, in uno shaker pieno di ghiaccio.
Versare in un bicchiere alto pieno di ghiaccio e aggiungere la Coca-Cola.

IDEAL

1 shot di vermouth dolce
2 shot di gin
1 cucchiaio da tavola di pompelmo
3 dash di maraschino

Agitare tutti gli ingredienti in uno shaker pieno di ghiaccio e filtrare in un bicchiere pieno di ghiaccio.

IMPERIAL

1 shot di vermouth secco
1 shot di gin
1 dash di maraschino
1 dash di Angostura bitter

Mescolare tutti gli ingredienti con ghiaccio e filtrare in un bicchiere da Martini freddo.
Guarnire con olive verdi.

INCOGNITO

1 shot e ½ di vermouth secco
1 shot e ½ di cognac
1 shot di brandy all'albicocca
3 dash di Angostura bitter

Agitare tutti gli ingredienti in uno shaker pieno di ghiaccio e filtrare in un bicchiere da Martini freddo.

INK STREET

1 shot di whisky
1 shot di succo d'arancia appena spremuta
1 shot di succo di limone appena spremuto

Agitare tutti gli ingredienti in uno shaker pieno di ghiaccio e filtrare in un bicchiere da Martini freddo.

IRISH COFFEE

1 shot di whisky irlandese
Caffè filtrato
Panna leggermente montata

Versare il whisky in un bicchiere alto, aggiungere il caffè e mescolare.
Lasciar galleggiare la panna in superficie.

IRISH FLAG

1 shot di Baileys Irish Cream
1 shot di Grand Marnier
1 shot di Crème de Menthe bianca

Stratificare gli ingredienti nell'ordine dato in un bicchiere freddo.

IRISH LATTE

1 shot di Baileys Irish Cream
1 shot di caffè espresso caldo
Latte caldo

Versare gli ingredienti nell'ordine dato in un bicchiere alto.

JACK COLLINS

2 shot di brandy Applejack o Calvados
1 shot di succo di limone appena spremuto
½ shot di sciroppo di zucchero
Soda

Agitare il brandy, il succo di limone e lo sciroppo di zucchero in uno shaker, filtrare in un bicchiere pieno di ghiaccio e aggiungere la soda alla fine.

JACKSON

1 shot di Dubonnet
1 shot di gin
2 dash di bitter all'arancia

Mescolare tutti gli ingredienti con ghiaccio e filtrare in un bicchiere da Martini.

JAYNE MANSFIELD

4 fragole
1 shot di rum bianco leggero
1 shot di crema di fragole
¼ di shot di sciroppo di zucchero
Champagne

Mettere le fragole in uno shaker prima di aggiungere gli altri ingredienti, eccetto lo champagne,agitare con ghiaccio e filtrare in un flûte.
Aggiungere alla fine lo champagne.

JOCKEY CLUB

2 shot di gin
½ shot di amaretto
½ shot di succo di limone appena spremuto
1 dash di bitter all'arancia
1 dash di Angostura bitter

Agitare tutti gli ingredienti in uno shaker pieno di ghiaccio.
Filtrare in un bicchiere da Martini freddo.

JOHN COLLINS

2 shot di gin
1 shot di succo di limone appena spremuto
½ shot di sciroppo di zucchero
Soda

Agitare il gin, il succo di limone e lo sciroppo di zucchero in uno shaker pieno di ghiaccio.
Filtrare in un bicchiere pieno di ghiaccio e infine aggiungere la soda.

JOHNNIE MACK

2 shot di sloe gin
2 shot di Orange Curaçao
3 dash di assenzio

Scuotere gli ingredienti in uno shaker pieno di ghiaccio e filtrare in un bicchiere da Martini freddo.

JOURNALIST

1 shot di vermouth dolce
1 shot di vermouth secco
2 shot di gin
2 dash di succo di limone appena spremuto
1 dash di Angostura bitter

Agitare tutti gli ingredienti in uno shaker pieno di ghiaccio e filtrarli in un bicchiere da Martini freddo.

JUMPING JACK FLASH

1 shot e ½ di whisky
1 shot di Galliano
1 shot di succo d'arancia appena spremuta
1 shot di succo d'ananas

Agitare tutti gli ingredienti in uno shaker pieno di ghiaccio e filtrare in un bicchiere freddo.

JOAN BENNETT

2 shot di rum
1 shot di Parfait Amour
1 shot di succo d'ananas

Scuotere gli ingredienti con ghiaccio e filtrare in un bicchiere pieno di ghiaccio.

JUPITER MARTINI

2 shot di gin
1 shot di vermouth secco
1 cucchiaio da tè di Parfait Amour
1 cucchiaio da tè di succo d'arancia appena spremuta

Agitare tutti gli ingredienti in uno shaker pieno di ghiaccio e filtrare in un bicchiere freddo.

KIR ROYALE

½ shot di Crème de Cassis
Champagne Brut

Versare la Crème de Cassis nel flûte da champagne, quindi riempire lentamente con champagne secco e ben freddo.

Facile da fare e facile da bere, è stato così chiamato in onore di Felix Kir, prete, partigiano e politico francese, e in origine era preparato con del vino bianco. Una combinazione imbattibile.

James Stewart e Katherine Hepburn, *Scandalo a Filadelfia*

SCANDALO A FILADELFIA (1940)
Regia: George Cukor

Interpreti: Cary Grant, Katharine Hepburn, James Stewart, Ruth Hussey, John Howard.

I piani matrimoniali di una signora del bel mondo sono complicati dall'arrivo simultaneo del suo ex marito e di un attraente giornalista.

La Hepburn era stata protagonista di una serie di insuccessi cinematografici e era ormai nota come «il veleno del box office».

Comprò i diritti cinematografici del testo teatrale, con l'intenzione di farne il suo ritorno sugli schermi. Il film fu un gran successo e ottenne sei nomination all'Oscar, vincendone due: Stewart come miglior attore protagonista e Donald Odgen Stewart per il migliore adattamento cinematografico. Nel 1956 ne venne tratto un musical dal titolo *Alta società*.

LEAP YEAR

2 shot di gin
½ shot di brandy all'albicocca o di Grand Marnier
½ shot di vermouth secco
1 dash di granatina

Agitare tutti gli ingredienti in uno shaker pieno di ghiaccio e filtrare in un bicchiere da Martini freddo.

LEAVE IT TO ME

1 shot e ½ di gin
¼ di shot di brandy all'albicocca o di Grand Marnier
¼ di shot di vermouth secco
1 dash di succo limone appena spremuto
1 dash di granatina

Agitare tutti gli ingredienti in uno shaker pieno di ghiaccio e filtrare in un bicchiere da Martini freddo.

LEMON PIE

1 shot di whisky
Limonata

Versare il whisky in un bicchiere pieno di ghiaccio.
Poi aggiungere la limonata fino a riempire il bicchiere.

LIMA SOUR

2 shot di brandy Pisco
1 shot di succo di lime appena spremuto
½ di shot di maraschino
¾ di shot di sciroppo di zucchero
¾ di shot di succo di pompelmo

Miscelare tutti gli ingredienti con una manciata di ghiaccio tritato e versare in un bicchiere alto.

LITTLE DEVIL

2 shot di Bacardi Rum
2 shot di gin
1 shot di Cointreau o triple sec
1 shot di succo di limone appena spremuto

Mescolare tutti gli ingredienti in uno shaker pieno di ghiaccio e versare in un bicchiere da Martini freddo.

LITTLE PRINCESS

1 shot di Bacardi Rum
1 shot di vermouth secco

Agitare tutti gli ingredienti in uno shaker pieno di ghiaccio e filtrare in un bicchiere da Martini freddo.

LONDON

1 shot di gin
2 dash di bitter all'arancia
2 dash di sciroppo di zucchero
2 dash di assenzio

Mescolare il tutto in uno shaker pieno di ghiaccio e filtrare in un bicchiere da Martini freddo.

LOUD SPEAKER

1 shot di gin
1 shot di brandy
½ shot di Cointreau o triple sec
½ shot di succo di limone appena spremuto

Scuotere gli ingredienti in uno shaker pieno di ghiaccio e filtrarli in un bicchiere da Martini freddo.

LOTUS

1 shot di vodka
1 shot di succo di litchi
Champagne

Agitare la vodka e il succo con del ghiaccio.
Filtrare in un bicchiere e poi aggiungere lo champagne fino a riempire il bicchiere.

MANHATTAN

1 shot di whisky di segale
1 shot di vermouth dolce
Bitter all'arancia
Scorza d'arancia
2 ciliege al maraschino

Versare il whisky, il vermouth e il bitter in un un mixing glass pieno di ghiaccio.
Mescolare finché il drink non diventa freddo e amalgamato, quindi filtrare in un bicchiere da Martini ghiacciato.
Guarnire con le ciliege al maraschino e una scorza di buccia d'arancia.

Il Manhattan venne originalmente creato con whisky di segale, benché ora molti baristi lo sostituiscano con il bourbon, preparando così un Rob Boy. Cominciò a comparire nei libri di cocktail fin dal 1880 e secondo alcuni è stato creato in onore di Lady Randolph Churchill al Manhattan Club di New York, il 18 novembre del 1874, di fronte a quello che ora è l'Empire State Building.
Altri invece sostengono che sia stato creato molto prima, nel 1860, da un barista di nome Black che lavorava in un bar di Broadway. Nel 2005 è stato servito guarnito con due ciliegie come tributo alle vittime dell'11 settembre.

Elizabeth Taylor, *Venere in visone*

VENERE IN VISONE (1960)
Regia: Daniel Mann

Interpreti: Elizabeth Taylor, Laurence Harvey, Eddie Fisher e Dina Merril.

Sembra che Elizabeth Taylor non sopportasse l'idea di recitare in questo film, tratto dall'omonimo romanzo di John O'Hara, nonostante all'epoca il suo contratto standard fosse di ben 125mila dollari. La sua interpretazione le permise però di vincere il suo primo Oscar come migliore attrice, dopo quattro nomination. Nel film la taylor è Gloria Wandrous, una prostituta d'alto bordo, che si innamora di Weston Liggett (Laurence Harvey), un uomo freddo e distaccato, proveniente dalla classe operaia, sposatosi per i soldi. Gloria e Weston si confessano la comune mancanza di fiducia in se stessi, la frustrazione delle reciproche esistenze, i loro segreti e la comune inclinazione al bere. La tempestosa relazione alla fine manda in frantumi la vita dei loro cari, finendo in tragedia per Gloria.

MADRAS

2 shot di vodka
3 shot di succo di mirtillo rosso
2 shot di succo d'arancia appena spremuta

Agitare tutti gli ingredienti in uno shaker pieno di ghiaccio e filtrarli in un bicchiere pieno di ghiaccio.

MAE WEST MARTINI

2 shot di vodka
½ shot di amaretto
1 shot e ½ di succo di mirtillo rosso
1 dash di liquore al melone

Agitare tutti gli ingredienti in uno shaker pieno di ghiaccio e filtrare in un bicchiere da Martini freddo.

MAIDEN'S BLUSH

2 shot di gin
4 dash di Orange Curaçao
3 dash di granatina
1 dash di succo di limone appena spremuto

Agitare tutti gli ingredienti in uno shaker pieno di ghiaccio e filtrare in un bicchiere freddo.

MAIDEN'S PRAYER

1 shot e ½ di gin
1 shot di Cointreau o di triple sec
½ shot di succo d'arancia appena spremuta
½ shot di succo di limone appena spremuto

Agitare tutti gli ingredienti in uno shaker pieno di ghiaccio e filtrare in un bicchiere freddo.

MARTINEZ

1 shot e ½ di gin
1 shot e ½ di vermouth dolce
1 dash di Cointreau o triple sec

Agitare tutti gli ingredienti con ghiaccio e filtrare in un bicchiere freddo.

MARY PICKFORD

2 shot di rum
2 shot di succo di ananas
¼ di shot di granatina
1 dash di maraschino

Agitare tutti gli ingredienti in uno shaker pieno di ghiaccio e filtrare in un bicchiere freddo.

MAI TAI

1 shot di rum Demerara
Succo di limone appena spremuto
Succo di lime appena spremuto
Orange Curaçao
Brandy all'albicocca
Sciroppo d'orzata
Angostura bitter
Succo d'ananas
2 foglie di menta
Una fettina di ananas
Un ramoscello di menta

Versare il rum e un'abbondante dash di succo di limone, di lime e di sciroppo d'orzata nello shaker da cocktail pieno di ghiaccio tritato.
Aggiungere un piccolo shot di brandy all'albicocca e di orange curaçao, due dash di Angostura, un bel po' di succo di ananas e due foglie di menta.
Agitare energicamente il tutto e versare in un bicchiere piccolo e tondo.
Guarnire con una fettina di ananas e un ramoscello di menta.

MARGARITA

1 shot di Tequila
½ shot di succo di lime appena spremuto
½ shot di triple sec o Cointreau

Passare una fettina di limone sull'orlo del bicchiere de Margarita e poi immergetelo nel sale fino.
Mettere tutti gli ingredienti in uno shaker da cocktail con ghiaccio.
Agitare bene e filtrare nel bicchiere. Più il sale è fino, più il Margarita sarà perfetto.
Salare solo metà dell'orlo del bicchiere dà la possibilità di gustare il cocktail sia con il sale che senza.

Nonostante siano in circolazione diverse teorie su chi abbia inventato il Margarita, ce n'è una che viene considerata più autorevole delle altre. Nel 1948 Margaret Sames organizzò una fantastica festa nella sua casa di Acapulco. Si racconta che Margaret, dopo aver iniziato a mescolare diversi ingredienti per animare l'atmosfera, si imbattè nella combinazione che poi divenne il Margarita. Dopo la festa se ne dimenticò completamente finché tornando a casa, a San Antonio, vide che un bar vendeva il «Margarita drink», un cocktail esattamente uguale al suo.

Clark Gable e Constance Bennett, *Lo scandalo del giorno*

LO SCANDALO DEL GIORNO (1935)
Regia: Robert Z. Leonard

Interpreti: Clark Gable, Constance Bennett, Stuart Irwine, Billie Burke.

Una ragazza amante della mondanità viene assunta come giornalista in un importante quotidiano, trovandosi subito invischiata, assieme a un redattore impersonato da Clark Gable, nella soluzione di un misterioso omicidio, di cui viene accusato il fidanzato della ragazza. Più interessato a lei che non al caso, Gable scova il vero assassino e in tal modo libera dai sospetti il fidanzato, che cortesemente si fa da parte, permettendo a Gable e alla Bennett, che naturalmente si sono innamorati a prima vista, di sposarsi.

MAYFAIR

2 shot di gin
1 shot di brandy all'albicocca
1 shot di succo d'arancia appena spremuta
2 chiodi di garofano

Spargere i chiodi di garofano nello shaker e aggiungere gli altri ingredienti.
Agitare con ghiaccio e filtrare in un bicchiere freddo.

MERRY WIDOW

1 shot e ½ di gin
1 shot e ½ di vermouth secco
2 dash di assenzio
2 dash di Benedictine
3 dash di Angostura bitter

Mescolare tutti gli ingredienti in uno shaker pieno di ghiaccio e filtrare in un bicchiere freddo.

MILANO

1 shot di vodka
1 shot di Campari
1 shot di vermouth dolce

Mescolare tutti gli ingredienti con ghiaccio e filtrare in un bicchiere pieno di ghiaccio.

MILLIONAIRE COCKTAIL

1 shot di sloe gin
1 shot di brandy all'albicocca
1 shot di rum
¼ di shot di succo di lime appena spremuto
1 dash di granatina

Agitare tutti gli ingredienti in uno shaker pieno di ghiaccio e filtrare in un bicchiere freddo.

MIMOSA

½ shot di Grand Marnier
2 shot di succo d'arancia appena spremuta
Champagne

Versare tutti gli ingredienti in un bicchiere freddo e mescolare delicatamente.

MINT COCKTAIL

Una manciata di foglie di menta fresca
2 shot di gin
1 shot di vino bianco secco
¼ di shot di Crème de Menthe
¼ di shot di sciroppo di zucchero

Spargere la menta nello shaker.
Aggiungere gli altri ingredienti, scuotere con ghiaccio e filtrare in un bicchiere freddo.

MINT COLLINS

2 shot di gin
1 shot di succo di lime appena spremuto
¼ di shot di sciroppo di zucchero
Una manciata di foglie di menta fresca
Soda

Spargere le foglie di menta nello shaker.
Aggiungere il succo di lime, il gin e lo sciroppo di zucchero e agitare insieme a del ghiaccio.
Filtrare in un bicchiere pieno di ghiaccio.
Aggiungere infine la soda.

MINT FIZZ

2 shot di gin
1 shot di succo di lime appena spremuto
½ shot di sciroppo di zucchero
Una manciata di foglie di menta fresca
Soda

Spargere la menta alla base dello shaker.
Aggiungere il gin, il succo di lime e lo sciroppo di zucchero.
Agitare con ghiaccio e filtrare in un bicchiere pieno di ghiaccio.
Aggiungere infine la soda.

MINT JULEP

1 shot di bourbon o whisky
5 rametti di foglie di menta fresche
Sciroppo di zucchero
Soda (o acqua)

Unire le foglie di menta e lo zucchero al superalcolico nella base dello shaker, finché lo zucchero non si è sciolto e le foglie di menta non hanno sprigionato il loro sapore.
Aggiungere gli altri ingredienti, agitare e filtrare in un bicchiere freddo con ghiaccio tritato.
Quindi mescolare.
Guarnire con un rametto di menta e servire con cannucce.

Il segreto è servire questo drink con ghiaccio freddo.
Se possibile mettere lo shaker in anticipo nel frigorifero con la menta e il superalcolico.
È importante che la menta venga solo un pò schiacciata e non pestata, perché schiacciandola ne fuoriuscirebbe l'amaro del succo.

Il nome Julep deriva dall'arabo «julab» che significa acqua di rose. Molto popolare negli Stati del Sud degli Stati Uniti, dove si beve da tempo durante i festeggiamenti per il 4 luglio. Nella sua prima «incarnazione» veniva preparato con brandy, rum o whisky, ma alla fine del secolo scorso il whisky divenne la norma.

MOJITO

1 shot di rum leggero bianco
¼ di shot di succo di lime appena spremuto
1 dash di sciroppo di zucchero
Foglie di menta fresca
Soda

Mettere le foglie di menta in un bicchiere Collins e aggiungere il rum.
Schiacciare con delicatezza le foglie di menta e aggiungere ghiaccio, succo di lime e sciroppo di zucchero.
Aggiungere la soda, agitare e mescolare.
Servire con delle cannucce.

La casa del Mojito è Cuba e in particolare la Bodeguita del Medio, bar dell'Avana cui è universalmente attribuita l'invenzione del drink, di cui Ernest Hemingway era un grande bevitore.

La leggenda dice però che il primo Mojito è stato preparato, secoli fa, da un pirata di nome Richard Drake, che introdusse il drink a Cuba, dove si fermò mentre veleggiava in alto mare cercando il tesoro del mare dei Caraibi e delle Americhe del Sud. Si tramanda che utilizzò del rum non raffinato, l'aguardiente, cioè dell'alcol che raggiungeva i 45 gradi, e lo chiamò *El Draque*, il dragone, in onore del suo vecchio comandante Sir Francis Drake.

MONKEY GLAND

2 shot di gin
½ di shot di assenzio
1 shot di granatina
1 shot e ½ di succo d'arancia spremuto

Agitare tutti gli ingredienti in uno shaker pieno di ghiaccio e filtrare in un bicchiere freddo.

MONZA

2 shot di vodka
2 shot di Campari
2 shot di succo di mela
¼ di shot di sciroppo di zucchero
Succo di frutto della passione

Agitare tutti gli ingredienti in uno shaker pieno di ghiaccio e filtrare in un bicchiere pieno di ghiaccio.

MOONSHINE

1 shot e ½ di gin
1 shot di vermouth secco
½ shot di maraschino
1 dash di assenzio

Agitare tutti gli ingredienti con ghiaccio e filtrare in un bicchiere freddo.

MULE'S HIND LEG

1 shot di Benedictine
1 shot di Calvados
1 shot di gin
1 dash di Applejack
1 dash di sciroppo d'acero
1 dash di brandy all'albicocca

Scuotere tutti gli ingredienti in uno shaker e filtrare in un bicchiere da Martini freddo.

MULLED WINE

2 shot di vino rosso
Un cucchiaio da tè di Grand Marnier
Un cucchiaio da tè di succo di limone spremuto
5 chiodi di garofano
Un pizzico di noce moscata
Un pizzico di cannella
Acqua calda

Riscaldare tutti gli ingredienti in un pentolino.
Versarli in un bicchiere da toddy riscaldato.

MOSCOW MULE

1 shot di vodka
½ shot di succo di limone appena spremuto
¼ di shot di sciroppo di zucchero
Birra ginger
Una fettina di lime

Agitare la vodka, il succo di lime e lo sciroppo di zucchero con ghiaccio e filtrare in un bicchiere pieno di ghiaccio.
Aggiungere poi la birra e guarnire con una fetta di lime.

La combinazione classica di vodka e birra ginger è stata è stata ideata al Chatham Bar di New York nel 1941. Jack Morgan stava lanciando la sua birra, mentre John G. Martin aveva acquistato il marchio della vodka Smirnoff per una piccola compagnia di distribuzione nel Connecticut, la Hublein. Miscelando i due ingredienti, crearono un grande cocktail diventato un classico.
Il drink venne inizialmente pubblicizzato con una trovata promozionale: un bicchiere Moscow Mule su cui era inciso un mulo scalciante veniva venduto assieme alla vodka. Se oggi riuscite a trovarne uno, avete in mano un pezzo da collezione.

Jack Lemmon, *L'appartamento*

L'APPARTAMENTO (1960)
Regia: Billy Wilder

Interpreti: Jack Lemmon, Shirley MacLaine, Fred MacMurrey, Ray Walston, Edie Adams.

C.C. Baxter (Lemmon) è un assicuratore di New York chee vive una vita sedentaria ma presta regolarmente il suo appartamento ai manager di della società per cui lavora per le loro storie di adulterio. Innamorato dell'addetta all'ascensore Fran Kubelik (Mac Laine), le chiede di uscire. La donna accetta ma non si presenta all'appuntamento. La ritroverà nel suo letto imbottita di tranquillanti e scoprirà che è l'amante del capo del personale della sua società.

OLD CHAPPIE

4 shot di birra
½ shot di succo di lime appena spremuto
1 dash di Angostura bitter

Versare gli ingredienti su del ghiaccio tritato in un bicchiere da circa 360 millilitri.
Mescolare e servire con una cannuccia.

OLD FASHIONED

50 millilitri di bourbon
1 cubetto di zucchero bianco
Bitter all'arancia
Una scorza d'arancia

Mettere il cubetto in un bicchiere piccolo e aggiungere il bourbon.
Mescolare con un cucchiaio.
Aggiungere il ghiaccio a poco a poco, continuando a mescolare finché lo zucchero non si è sciolto.
Aggiungere un dash bitter all'arancia e servire con una scorza d'arancia.

OLD PAL

1 shot di bourbon
1 shot di vermouth secco
1 shot di Campari

Mescolare con ghiaccio e filtrare in un bicchiere pieno di ghiaccio.

OPAL

2 shot di gin
½ shot di Cointreau o triple sec
1 shot di succo d'arancia appena spremuta
¼ di shot di sciroppo di zucchero

Mescolare tutti gli ingredienti in uno shaker pieno di ghiaccio e filtrare in un bicchiere da Martini freddo.

OPENING SHOT

1 shot di bourbon
½ shot di vermouth dolce
1 dash di granatina

Versare tutti gli ingredienti in uno shaker pieno di ghiaccio. Filtrare in un bicchiere pieno di ghiaccio.

OPERA

2 shot di gin
1 shot di Dubonnet
1 shot di maraschino

Mescolare tutti gli ingredienti in uno shaker pieno di ghiaccio. Filtrare in un bicchiere da Martini freddo.

ORANGE BLOOM

2 shot di gin
1 shot di Cointreau o triple sec
1 shot di vermouth dolce

Mescolare tutti gli ingredienti in uno shaker pieno di ghiaccio e filtrare in un bicchiere freddo.

ORANGE MARTINI

2 shot di gin
2 shot di vermouth secco
2 shot di vermouth dolce
1 shot di bitter all'arancia
1 shot di succo d'arancia appena spremuta
Una buccia d'arancia

Sparpagliare la buccia d'arancia alla base dello shaker.
Aggiungere gin, vermouth, succo d'arancia e orange bitter, quindi agitare con ghiaccio.
Filtrare in un bicchiere da Martini freddo.

PADDY

1 shot di whisky irlandese
1 shot di vermouth secco
1 dash di Angostura bitter

Mescolare tutti gli ingredienti in uno shaker pieno di ghiaccio e filtrare in un bicchiere freddo.

PAISLEY MARTINI

2 shot di gin
½ shot di vermouth secco
¼ di shot di whisky

Mescolare tutti gli ingredienti con ghiaccio e filtrare in un bicchiere freddo.

PARADISE

1 shot di gin
1 shot di succo d'arancia appena spremuta
½ shot di brandy all'albicocca
1 dash di limone appena spremuto

Agitare tutti gli ingredienti in uno shaker pieno di ghiaccio e filtrare in un bicchiere da Martini pieno di ghiaccio.

PARISIEN BLONDE

1 shot di panna
1 shot di Curaçao
1 shot di rum

Agitare tutti gli ingredienti in uno shaker pieno di ghiaccio e filtrare in un bicchiere da Martini pieno di ghiaccio.

PARK AVENUE

2 shot di gin
½ shot di Grand Marnier
½ shot di vermouth dolce
1 shot di succo d'ananas

Agitare tutti gli ingredienti in uno shaker pieno di ghiaccio e filtrare in un bicchiere freddo.

PHEASANT RUNNER

Malgrado il nome esotico, pochi irriducibili si precipiteranno a bere questo cicchetto offerto dal Pheasant Runner di St.Charles, nell'Illinois.
L'idea di combinare insieme birra, succo di pomodoro e vodka non sembra a prima vista geniale, ma fra coloro che si sentono male e senza speranza potrebbe prevalere l'idea che qualsiasi cosa sia meglio che niente.

1 shot di vodka
2 shot di succo di pomodoro
5 shot di birra

Mescolare il tutto e servire.

PIMM'S CUP

1 shot di Pimm's No 1 Cup
7Up
Un cetriolo
Una fragola
Foglie di menta fresca

Riempire in parte di ghiaccio un bicchiere e versarvi il Pimm.
Aggiungere il cetriolo e la fragola, poi la 7Up.
Poi aggiungere la limonata.
Decorare con foglie di menta e servire con cannuccia.

Quando James Pimm cominciò a commerciare in frutti di mare nel 1823, a Londra, non poteva certo immaginare che il suo nome sarebbe divenuto sinonimo di bibite fresche per l'estate. Gradualmente il suo business crebbe e nel 1840, alla sua Oyster Warehouse, si serviva prima il suo inimitabile drink.
Come per molti cocktail, ci sono degli scettici che mettono in dubbio questa storia. Secondo alcuni, James Pimm non fu il vero inventore del drink, e fu il suo successore, Samuel Morey, a escogitare la ricetta, chiamata poi Pimm in suo onore.

Bette Davis e Paul Henreid, *Perdutamente tua*

PERDUTAMENTE TUA (1960)
Regia: Irving Rapper

Interpreti: Bette Davis, Paul Henreid, Claude Rains, Gladys Cooper, Bonita Gramville, John Loder.

Charlotte Vale (Davis) è una grassa, brutta e introversa zitella la cui vita viene controllata da una madre autoritaria (Cooper). Lisa, la cognata di Charlotte le presenta uno psichiatra, il dottor Jaquith (Rains), che le consiglia di farsi ricoverare in un ospedale per la cura delle malattie mentali.

Libera dalle grinfie della madre, Charlotte diventa più estroversa e decide di rimandare il ritorno a casa andando in crociera, dove incontra un padre di famiglia, Jeremiah Duvaux Durrance (Henreid), che sta viaggiando con amici. L'uomo vive un matrimonio infelice, con una moglie che gli ha impedito di inseguire il suo sogno: quello di diventare architetto. I due si innamorano ma si rassegnano a non rivedersi più. La famiglia di Charlotte, una volta che la ragazza è tornata a casa, è stupita dal suo notevole miglioramento. Charlotte resiste ai tentativi della madre di tornare a controllarla e si fidanza con un ricco vedovo, ma quando per caso rivede Jeremiah rompe il fidanzamento e litiga furiosamente con la madre, che muore d'infarto. I due innamorati, però, non avranno mai un futuro.

PLANTER'S PUNCH

1 shot e ½ di rum Myers
½ shot di succo di lime appena spremuto
1 shot di sciroppo di zucchero
3 dash di Angostura bitter
Soda
Una fettina di lime

Agitare tutti gli ingredienti, a parte la soda, con del ghiaccio in uno shaker e poi filtrare in un bicchiere pieno di ghiaccio. Aggiungere infine la soda e guarnire con una fettina di limone.

Ideata da Fred L. Myers, la ricetta segue le proporzioni del tradizionale rum punch con una parte di amaro (il lime), due di dolce (lo zucchero), tre di qualcosa di forte (il rum) e quattro di una sostanza diluente (la soda).
La parola «punch» deriva dalla parola Hindi che significa «cinque» e questo drink è stato servito per secoli nel subcontinente indiano, dove veniva preparato con alcol puro. Il segreto per un punch riuscito consiste nell'equilibrare il limone, lo zucchero, l'acqua e l'alcol, cioè il dolce con l'amaro e l'alcol con la sostanza che lo diluisce.

BULLI E PUPE (1955)
Regia: Joseph L. Mankiewicz

Interpreti: Marlon Brando, Jean Simmons, Frank Sinatra, Vivian Blaine, Robert Keith.

Il giocatore d'azzardo Nathan Detroit (Sinatra) deve trovare i soldi per organizzare una bisca clandestina. Per farlo scommette mille dollari con l'amico Sky Masterson (Brando) che quest'ultimo non riuscirà a sedurre Sarah Brown (Simmons), membro dell'Esercito della salvezza. La seduzione va invece in porto, durante un viaggio a Cuba organizzato con la scusa di trovare nuovi proseliti per l'Esercito della salvezza. Sky però, nel frattempo, si è innamorato della donna.

PIÑA COLADA

1 shot di golden rum
2 shot di crema di cocco
¼ di shot di panna densa
6 shot di succo d'ananas
Una fettina d'ananas

Versare tutti gli ingredienti in un frullatore, aggiungere una paletta di ghiaccio tritato e mescolare alla massima velocità per un minuto.
Troppo ghiaccio rovina l'effetto della panna e rende il drink troppo acquoso.
Versare in un bicchiere Hurricane, guarnire con una fettina di ananas e servire con cannucce.

Le origini della Piña Colada sono oggetto di discussione. Non meno di tre baristi portoricani si sono attribuiti la sua invenzione nel 1954, due dei quali, Ramon Marrero Perez e Ricardo Garcia, lavoravano a Saint Juan al bar Beachcomber dell'hotel Caribe Hilton. L'altro contendente è invece Ramon Portas Mingot, che sostiene di averlo creato nel 1963 al Barrachina Bar, sempre a Saint Juan.

La Piña Colada, che significa «ananas pressato» va preparata con una qualità eccellente di crema di noce di cocco.

PINK GIN

1 shot di gin
Angostura bitter
2 shot di acqua minerale fredda

Versare qualche goccia di Angostura bitter in un bicchiere da Martini, far ruotare il bicchiere, poi scuoterlo per eliminare le gocce.
Aggiungere acqua e gin e servire.

Il gin rosa è sempre stato fra i drink preferiti della Marina Reale Britannica, insieme al rum, che venne servito giornalmente fino al 1970.

PINK HOUND

2 shot di gin
2 shot di succo di pompelmo rosa
¼ di shot di sciroppo di zucchero

Agitare tutti gli ingredienti con ghiaccio e filtrare in un bicchiere da Martini freddo.

Marilyn Monroe e Tony Curtis, *A qualcuno piace caldo*

SX(321-4)57

A QUALCUNO PIACE CALDO (1959)
Regia: Billy Wilder

Interpreti: Marilyn Monroe, Tony Curtis, Jack Lemmon, George Raft, Pat O'Brien.

Due musicisti che vivono tempi difficili, Joe e Jerry (Curtis e Lemmon), sono testimoni di un massacro perpetrato nel 1929 da una banda di gangster durante la notte di S. Valentino. Costretti a nascondersi, entrano a far parte di una banda musicale di ragazze dirette in Florida, travestiti da donna. Entrambi si innamoreranno di Sugar Kane (Monroe), la cantante della banda, ma dovranno fare attenzione a non farsi smascherare.

PRAIRIE OYSTER

1 shot di cognac
1 tuorlo d'uovo
1 cucchiaio da bar di aceto di malto
2 dash di Tabasco
1 cucchiaio da bar di salsa Worcestershire
Sale e pepe

Mettere il tuorlo d'uovo senza romperlo in un bicchiere da Margarita.
Versare delicatamente il resto degli ingredienti senza rompere il tuorlo.
Berlo tutto in una volta… e pregare.

Il Prairie Oyster è un rimedio ai postumi della sbornia che vi sarà offerto dalla maggior parte dei baristi. Ha un gusto spiacevole come una delle storie che è all'origine del suo nome. «Prairie oysters» è il termine usato dagli allevatori statunitensi di bestiame per indicare i testicoli dei vitelli, dopo che la bestia è stata castrata e i suoi organi superflui fritti per colazione. Non è chiaro se il piatto derivi il suo nome dal drink o viceversa. Quel che è indubbio è che l'uovo che fluttua nel bicchiere assomiglia vagamente a un bulbo oculare: non è certo un drink per stomaci delicati!

PRINCESS

1 shot di vermouth secco
1 shot di Dubonnet
1 shot di Cointreau o triple sec

Agitare gli ingredienti in uno shaker pieno di ghiaccio e filtrare in un bicchiere pieno di ghiaccio.

PUSSYFOOT COCKTAIL

½ shot di succo di lime appena spremuto
½ shot di succo di limone appena spremuto
½ shot di succo d'arancia appena spremuta
1 dash di granatina
Ciliegie con il gambo

Agitare tutti gli ingredienti in uno shaker da cocktail pieno di ghiaccio.
Filtrare in un bicchiere.
Guarnire con le ciliegie.

PULP FICTION

2 shot di cognac
2 shot di succo di mela
Limonata

Versare gli ingredienti in un bicchiere pieno di ghiaccio.

RAGING BULL

1 shot di Sambuca
1 shot di liquore al caffè Kahlua
1 shot di Tequila

Stratificare gli ingredienti con cura in un bicchiere da shot.

RAMOS GIN FIZZ

1 shot di gin
1 shot di succo di limone appena spremuto
1 dash di sciroppo di zucchero
1 dash di panna da cucina
1 dash di bianco d'uovo
3 dash di acqua di fiori d'arancio
Soda

Agitare tutti gli ingredienti, eccetto la soda, in uno shaker da cocktail pieno di ghiaccio.
Filtrare in un bicchiere Highball e guarnire con una fettina di limone. Infine, se volete, aggiungere la soda.
Un fizz perfetto è fatto con dell'acqua presa da un sifone, ma se non ne avete potete benissimo usare la soda.

Un fizz è molto simile a un Collins, ma è molto più piccolo, poco più della metà. Inoltre il Collins viene servito in un bicchiere con ghiaccio, mentre il Fizz non deve mai essere servito con ghiaccio.

Il Ramos Gin Fizz è stato ideato nel 1888 da Henry C. Ramos all'Imperial Cabinet Bar di New Orleans.

RASPBERRY MARTINI

6 lamponi freschi
2 shot di gin
1 shot di crema di lamponi
2 dash di bitter all'arancia

Spargere i lamponi sul fondo dello shaker.
Aggiungere il resto degli ingredienti, agitare con ghiaccio e filtrare in un bicchiere da Martini freddo.

RASPUTIN

2 shot di succo mirtillo rosso
2 shot di succo di pompelmo
2 shot di vodka al lampone

Agitare tutti gli ingredienti con ghiaccio e filtrare in un bicchiere pieno di ghiaccio.

RATTLESNAKE

2 shot di bourbon
1 dash di assenzio
Mezzo bianco d'uovo
¼ di shot di succo di limone appena spremuto
¼ di shot di sciroppo di zucchero

Scuotere tutti gli ingredienti con ghiaccio e filtrare in un bicchiere freddo da Martini.

Secondo Harry Craddock che questo cocktail «cura dal morso dei serpenti a sonagli, o li uccide, oppure fa in modo che li possiate vedere».

REMEMBER THE MAIN

1 shot di assenzio
2 shot di bourbon
¾ di shot di brandy alla ciliegia
¾ di shot di vermouth dolce

Versare l'assenzio in un bicchiere pieno di ghiaccio e metterlo da parte.
Versare gli ingredienti in uno shaker pieno di ghiaccio e mescolare.
Scartare l'assenzio e il ghiaccio e filtrare i restanti ingredienti nel bicchiere.

RED SNAPPER

Una variazione del Bloody Mary a base di gin e non di vodka. Si dice fosse il preferito di John Jacob Astor, servito dal barista persiano Fernand Petiot del King Cole Bar, all'interno del St. Regis Hotel di New York.

3 shot di succo di pomodoro
1 dash di succo di limone appena spremuto
1 shot di gin
Un pizzico di sale di sedano
2 dash di salsa Worcestershire
2 dash di Tabasco
Pepe nero appena macinato

Riempire un bicchiere Highball con cubetti di ghiaccio, poi versare il succo di pomodoro e di limone.
Aggiungere il gin, il sale di sedano e le salse e quindi mescolare.
Aggiungere una presa di pepe nero appena macinato.
Guarnire con una fettina di limone sull'orlo del bicchiere ed eventualmente con un gambo di sedano.
Servire con una bacchetta lunga per mescolare.

REMSEN COOLER

2 shot e ½ di whisky
Aggiungere soda a piacere

Versare gli ingredienti in un bicchiere pieno di ghiaccio e servire con cannucce.

RESOLUTE

2 shot di gin
1 shot di brandy all'albicocca
½ shot di succo di limone appena spremuto

Scuotere tutti gli ingredienti in uno shaker pieno di ghiaccio e filtrare in un bicchiere da Martini freddo.

RICKEY

1 shot di gin
¼ di shot di succo di lime appena spremuto
¼ di shot di sciroppo di zucchero
Soda
Una fettina di lime

Agitare i primi tre ingredienti con ghiaccio e filtrare in un bicchiere pieno di ghiaccio.
Aggiungere la soda e guarnire con la fettina di lime.

Chiamato così in onore del colonnello Joe Rickey, si ritiene che questo drink sia stato inventato inizialmente al ristorante Shomaker di Washington all'inizio del XX secolo. Normalmente viene preparato con del gin, ma potete anche farlo con la vodka e anche con brandy all'albicocca per farne un Apricot Rickey. Il Rickey non deve essere confuso con il Collins, che è fatto con il succo di limone, mentre invece il Rickey viene preparato con il succo di lime e viene normalmente servito in un bicchiere meno alto.

RITZ REVIVER

Un drink standard per curare gli eccessi della notte precedente

Una scorza d'arancia
⅔ di shot di Fernet Branca
⅔ di shot di Crème de Menthe
1 dash di Angostura bitter

Passare sull'orlo del bicchiere la scorza d'arancia.
Agitare i rimanenti ingredienti in uno shaker da cocktail pieno di ghiaccio.
Filtrare in un bicchiere da cocktail. Immergerci la scorza d'arancia e servire.

ROB ROY

1 shot di Scotch Whisky
1 shot di vermouth dolce
4 gocce di Angostura bitter
Scorza d'arancia
Una ciliegia al maraschino

Versare il whisky, il vermouth e il bitter in un mixing glass pieno di ghiaccio.
Mescolare finché il tutto non è freddo e amalgamato.
Poi filtrare in un bicchiere da Martini ghiacciato.
Guarnire con una ciliegia al maraschino e un po' di scorza d'arancia.

SANGRITA

Ricetta per 10 persone

6 shot di tequila
1 litro di succo di pomodoro
450 ml di succo d'arancia appena spremuta
5 cucchiai da tè di miele semiliquido
90 ml di succo di lime appena spremuto
1 peperoncino ben spezzettato
2 cucchiai da tè di cipolle bianche finemente tagliate
Un pizzico di sale e pepe nero appena macinato
10 gocce di salsa Worcestershire

Versare tutti gli ingredienti in una ciotola, quindi mescolare bene. Lasciar raffreddare per due ore, poi filtrare in una grande brocca. Servire in bicchieri da vino.

SANGRIA

1 shot di vino rosso
1 shot di succo d'arancia spremuta
2 shot di cognac
1 shot di Schnapps

Scuotere tutti gli ingredienti in uno shaker pieno di ghiaccio e filtrare in un bicchiere pieno di ghiaccio.

Gene Kelly, *Un giorno a New York*

UN GIORNO A NEW YORK (1949)
Regia: Gene Kelly, Stanley Donen

Interpreti: Gene Kelly, Frank Sinatra, Betty Garrett, Ann Miller, Jules Munshin, Vera Ellen.

Adattamento cinematografico dell'omonimo musical di Broadway con scene girate all'American Museum of Natural History, al ponte di Brooklyn e al Rockfeller Center. Il film vinse l'Oscar per la migliore colonna sonora.

Tre marinai, Gabey (Gene Kelly), Chip (Frank Sinatra) e Ozzie (Jules Munshin) arrivano a New York per una licenza di ventiquattrore decisi a divertirsi assieme a delle ragazze. Ciascuno di loro incontrerà la potenziale donna della sua vita anche se le cose non andranno come sognato.

SAZERAC

1 shot di bourbon
1 shot di cognac
1 piccolo dash di Pernod
¼ di shot di sciroppo di zucchero
Bitter Peychaud
Soda
Una scorza di limone

Versare il Pernod in un bicchiere pieno di ghiaccio.
Riempire con acqua e lasciare riposare per un po'.
Poi scuotere il bourbon, il cognac, lo zucchero e il bitter insieme a del ghiaccio.
Eliminare il contenuto del bicchiere e filtrare il contenuto dello shaker nel bicchiere.
Guarnire con la scorza di limone tagliata a spirale.

Il marchio Sazerac è di proprietà della Sazerac Company ed è concesso in licenza al Sazerac Bar del Fairmont Hotel di New Orleans. Il bitter Peychaud venne ideato da Antoine Amédée Peychaud nella sua farmacia di New Orleans nel 1834 e presto servito con brandy e altri superalcolici nei vari bar della città. Si dice che sia stato Leon Lamothe, barista della Sazerac Coffee House, a inventare il Sazerac originale, utilizzando il bitter, lo zucchero e il cognac. Peychaud più tardi vendette la sua farmacia e insieme a essa anche la ricetta e il marchio del bitter.

SCARLETT O'HARA

1 shot di Southern Comfort
½ shot di succo di mirtillo rosso
½ shot di succo di lime appena spremuto

Agitare tutti gli ingredienti con ghiaccio e versare in un bicchiere da Martini freddo.

Lo Scarlett O'Hara venne creato nel 1939 in onore dell'eroina di *Via col Vento*. Il Southern Comfort era da poco entrato in produzione e questo cocktail lo ha reso famoso.

SCOTCH MIST

1 shot di Scotch Whisky
Ghiaccio
Una scorza di limone

Versare il whisky in uno shaker da cocktail pieno di ghiaccio.
Agitare vigorosamente e filtrare in un piccolo bicchiere da vino pieno di ghiaccio tritato.
Guarnire con una scorza di limone.

Clark Gable e Vivien Leigh, *Via col vento*

VIA COL VENTO (1939)
Regia: Victor Fleming

Interpreti: Clark Gable, Leslie Howard, Olivia de Havilland, Vivien Leigh

Adattamento dal romanzo di Margaret Mitchell, il film racconta la storia della Guerra Civile Americana e del periodo immediatamente seguente dal punto di vista della gente del Sud. Vinse dieci Oscar, un record che rimase imbattuto per vent'anni.

A Twelve Oaks, Scarlett O' Hara (Leigh) si accorge di piacere ad un bel giovane, un po' briccone, Rhett Butler (Gable), ripudiato dalla sua famiglia, i Charleston.

Scarlett è innamorata di Ashley Wikles, un vicino, ma lui intende sposare l'amica di Scarlett, Melanie Hamilton. Quando scoppia la guerra, Scarlett deve far fronte alla morte, alla distruzione e alla rovina. Si sposa con Charles, fratello di Melanie, ma rimane presto vedova perché l'uomo, arruolato nell'esercito, muore di morbillo e polmonite. Dopo la guerra, Scarlett sposa Frank Kennedy, un uomo d'affari di successo, che muore quando insieme ad altri attacca una baraccopoli per cercare di eliminarne la popolazione. Quindi Rhett fa di nuovo capolino e questa volta Scarlett accetta di sposarlo. È una relazione burrascosa, a causa della sua ossessione per Ashley, e alla fine Rhett decide di lasciarla ma lei lo implora di restare dicendogli di amarlo.

SCREWDRIVER

1 shot di vodka
Succo d'arancia appena spremuta
Una fettina di arancia

Versare della vodka in un bicchiere Highball pieno di ghiaccio. Aggiungere succo d'arancia e guarnire con una fettina d'arancia.

SEA BREEZE

1 shot di vodka
1 shot e ½ di mirtillo rosso
Succo di pompelmo appena spremuto
Una fettina di lime

Agitare tutti gli ingredienti con ghiaccio e filtrare in un bicchiere pieno di ghiaccio.
Guarnire con una fettina di lime.

SENSATION

3 dash di maraschino
3 rametti di menta
1 shot di succo di limone appena spremuto
2 dash di assenzio

Agitare tutti gli ingredienti in uno shaker pieno di ghiaccio e filtrare in un bicchiere da Martini freddo.

SEVENTH HEAVEN

2 shot di gin
1 shot di succo d'arancia spremuta
½ shot di maraschino
1 dash di Angostura bitter

Scuotere tutti gli ingredienti in uno shaker pieno di ghiaccio e filtrare in un bicchiere da Martini freddo.

SHIRLEY TEMPLE

Granatina
Ginger ale
Una ciliegia al maraschino

Versare il ginger ale in un bicchiere Highball pieno di ghiaccio.
Aggiungere la granatina a piacere e mescolare.
Guarnire con una ciliegia.

SIDECAR

1 shot di cognac
1 shot di Cointreau o triple sec
1 shot di succo di limone appena spremuto

SHOWBIZ

2 shot di vodka
1 shot di Crème de Cassis
2 shot di succo di pompelmo

Agitare tutti gli ingredienti in uno shaker pieno di ghiaccio e filtrare in un bicchiere da Martini freddo.

SILVER FIZZ

2 shot di gin
1 shot di succo di limone
½ shot di sciroppo di zucchero
½ bianco d'uovo
Soda a piacere

Agitare i primi quattro ingredienti in uno shaker pieno di ghiaccio.
Aggiungere soda a piacere.

SILVER MARTINI

2 shot di gin
2 shot di vermouth secco
1 dash di maraschino
2 dash di bitter all'arancia

Agitare tutti gli ingredienti in uno shaker pieno di ghiaccio e filtrare in un bicchiere da Martini freddo.

SLOE MOTION

1 shot di liquore di susine
Champagne

Versate il liquore in un flûte e riempite di champagne.

Gregory Peck e Deborah Kerr, *Adorabile infedele*

ADORABILE INFEDELE (1959)

Regia: Henry King

Interpreti: Gregory Peck, Deborah Kerr, Eddie Albert

Questo film della 20thCentury Fox si basa sulla biografia di F. Scott Fitzgerald scritta da Sheilah Graham e Gerold Frank. È la storia della turbolenta relazione, vissuta tra i fumi dell'alcol, tra F. Scott Fitzgerald (Peck) e Sheilah Graham.

SINGAPORE SLING

1 shot di cognac
½ shot di succo di limone appena spremuto
½ shot di Cointreau o triple sec
½ shot di acqua minerale molto fredda

Versare gli ingredienti in uno shaker con ghiaccio e filtrare in un bicchiere pieno di ghiaccio.
Guarnire con una fettina di limone e una ciliegia con il gambo e poi servire con cannucce.

Il Singapore Sling è stato creato da Ngiam Tong Boon al Long Bar del Raffles Hotel di Singapore, tra il 1911 e il 1915, anche se probabilmente il nome e gli ingredienti utilizzati per prepararlo sono cambiati nel corso del tempo per poi restare invariati a partire dai primi anni Trenta.

SNAKEBITE

1 shot di birra Lager
1 shot di sidro

Versare la birra lager in un bicchiere alto e aggiungere sidro a piacere.

SNOWBALL

2 shot di Advocaat
1 shot di Sherry fino
1 shot di sciroppo di lime
Aggiungere limonata a piacere

Agitare l'Advocaat, lo Sherry e lo sciroppo di lime in un bicchiere pieno di ghiaccio e filtrare in un bicchiere anch'esso pieno di ghiaccio.

SOUTH PACIFIC

La polpa di un frutto della passione
1 shot di vodka
1 shot di succo di ananas
1 shot di succo di lime appena spremuto
1 dash di liquore al litchi, se possibile

Agitare tutti gli ingredienti in uno shaker pieno di ghiaccio e filtrare in un bicchiere da Martini freddo.

STANLEY

½ shot di succo di limone appena spremuto
½ shot di granatina
1 shot di gin
1 shot di rum

Agitare tutti gli ingredienti in uno shaker pieno di ghiaccio. Filtrare in un bicchiere da Martini freddo.

STINGER

1 shot di brandy
½ shot di Crème de Menthe bianca

Versare il brandy e la crème de menthe in uno shaker pieno di ghiaccio.
Agitare vigorosamente e filtrare in un bicchiere da Martini ghiacciato.

STOMACH REVIVER

1 shot di Fernet Branca
1 shot di brandy
3 linee di Angostura bitter

Versare tutti gli ingredienti in uno shaker da cocktail pieno di ghiaccio.
Agitare.
Filtrare in un bicchiere da shot. Poi berlo in un fiato e sospirare di sollievo.

LA GATTA SUL TETTO CHE SCOTTA (1958)
Regia: Richard Brooks

Interpreti: Paul Newman, Elizabeth Taylor, Burl Ives, Jack Carson, Judith Anderson.

Adattato dall'omonimo testo teatrale di Tennessee Williams, il film racconta la storia della famiglia del proprietario di una piantagione nel Mississipi, Big Daddy Pollitt (Yves), che non sa di avere un cancro in fase terminale e solo pochi giorni di vita davanti a sé. L'uomo è preoccupato per il matrimonio, pieno di tensioni e senza figli, del figlio Brick (Newman) e odia il suo secondogenito, Gooper (Jack Carson) per la sua avidità. La moglie di Brick, l'affascinante Maggie (Taylor), cerca senza successo di persuadere il marito a staccarsi dalla bottiglia. A causa delle severe leggi sulla censura, tutti i riferimenti all'omosessualità e alla sessualità in generale, contenuti nel testo teatrale, sono stati annacquati od oscurati, e il finale è stato cambiato.

SUFFERING BASTARD

Angostura bitter
¼ di shot di gin
¼ di shot di brandy
1 cucchiaio da tè di succo di lime appena spremuto
Ginger ale freddo

Versare il bitter nel bicchiere Highball, inumidirne le pareti e buttarne via l'eccesso.
Riempire per metà il bicchiere con il ghiaccio e aggiungere il gin, il brandy, il succo di lime e il ginger ale.
Guarnire con fettine di lime, cetriolo e arancia.
Aggiungere un rametto di menta fresca.

SYMPATHY

1 uovo intero
1 shot di succo di limone appena spremuto
½ shot di sciroppo di zucchero
1 shot di Brandewign
Soda a piacere

Versare tutti gli ingredienti, salvo la soda, in uno shaker da cocktail, e agitare vigorosamente.
Filtrare in un bicchiere pieno di ghiaccio.
Aggiungere la soda.

TANGO MARTINI

½ shot di gin
½ shot di vermouth dolce
½ shot di vermouth secco
½ shot di Cointreau o triple sec
1 shot di succo d'arancia appena spremuta

Agitare tutti gli ingredienti in uno shaker pieno di ghiaccio e filtrare in un bicchiere da Martini freddo.

TEQUILA SLAMMER

1 shot di Tequila
1 shot di Champagne

Versare la tequila in un bicchiere da shot e aggiungere uno strato di champagne.
Coprire con il palmo della mano.
Afferrare il bicchiere e picchiarlo energicamente sul tavolo, quindi bere mentre il drink è ancora frizzante.

TATANKA

2 shot di vodka
2 shot e ½ di succo di mela

Agitare tutti gli ingredienti in uno shaker pieno di ghiaccio e filtrare in un bicchiere pieno di ghiaccio.

TEQUILA SUNRISE

1 shot di tequila
Succo d'arancia appena spremuta
½ shot di granatina

Versare la Tequila in un bicchiere Highball pieno di ghiaccio, aggiungere succo d'arancia a piacere e farci galleggiare sopra la granatina.
Guarnire con una fettina d'arancia e servire con le cannucce.

La Tequila si ottiene dalla fermentazione del succo di agave. È un'antica bevanda alcolica, scoperta secoli fa dagli Aztechi.

THOMAS ABERCROMBIE

Un classico rimedio per i postumi della sbornia, che combina insieme alcol e antiacidi.

2 pastiglie di Alka Seltzer
1 doppio shot di Tequila José Cuervo Gold

Mettere le pastiglie nella tequila e bere dopo quattro secondi.

TOKYO BLOODY MARY

1 shot di sake
5 shot di succo di pomodoro
½ shot di succo di limone appena spremuto
8 dash di Tabasco
4 dash di salsa Worcestershire
4 dash di Medium Sherry
Un pizzico di sale di sedano
Un pizzico di pepe nero

Versare tutti gli ingredienti in uno shaker da cocktail pieno di ghiaccio.
Agitare.
Filtrare in un bicchiere Highball pieno di ghiaccio.
Guarnire con un gambo di sedano. Servire.

TOM AND JERRY

1 shot di rum scuro
⅔ di shot di brandy
1 uovo
1 cucchiaio da bar di zucchero
Acqua bollente
Noce moscata tritata

Sbattere il bianco e il rosso dell'uovo separatamente, poi mischiarli insieme in un bicchiere da vino resistente al calore.
Aggiungere i restanti ingredienti e l'acqua calda.
Spargere sopra al drink della noce moscata tritata.

TOM COLLINS

1 shot di London Dry Gin
Succo di limone appena spremuto
Sciroppo di zucchero
Soda
Una fettina di limone

Versare il gin, un piccolo shot di limone appena spremuto e un dash di sciroppo di zucchero in un bicchiere Highball pieno di ghiaccio.
Aggiungere la soda a piacere, mescolare e guarnire con una fettina di limone.

TRIBLY

1 shot di Whisky
1 shot di Parfait Amour
1 shot di vermouth dolce
2 dash di bitter all'arancia
1 dash di assenzio

Mescolare tutti gli ingredienti in uno shaker pieno di ghiaccio.
Filtrare in un bicchiere da Martini freddo.

TRINITY

1 shot di Whisky
1 shot di vermouth secco
¼ di shot di Crème de Menthe
¼ di shot di brandy all'albicocca
1 dash di bitter all'arancia

Mescolare in uno shaker pieno di ghiaccio.
Filtrare in un bicchiere da Martini freddo.

TROPIC

2 shot di vino bianco secco
1 shot di Benedictine
2 shot di succo di limone appena spremuto
2 shot di succo di pompelmo appena spremuto

Agitare tutti gli ingredienti in uno shaker pieno di ghiaccio e filtrare in un bicchiere alto pieno di ghiaccio.

TULIP

1 shot di Calvados
1 shot di brandy all'albicocca
1 shot di vermouth dolce
½ shot di succo di limone appena spremuto

Agitare tutti gli ingredienti in uno shaker pieno di ghiaccio e filtrare in un bicchiere da Martini freddo.

TYPHOON

2 shot di gin
2 shot di sambuca
½ shot di liquore al lime

Mescolare tutti gli ingredienti con ghiaccio e filtrare in un bicchiere pieno di ghiaccio.

UMBONGO

La polpa di un frutto della passione
1 shot di vodka
2 shot di succo di arancia appena spremuta
Ginger ale

Agitare i primi tre ingredienti in uno shaker pieno di ghiaccio. Versare in un bicchiere pieno di ghiaccio e aggiungere ginger ale a piacere.

UNION JACK

1 shot di granatina
1 shot di maraschino
1 shot e ½ di chartreuse verde

Versare a strati gli ingredienti in un bicchiere freddo.

VAMPIRE

Un drink popolare in Messico, talmente popolare da essere frequentemente descritto come la bevanda nazionale messicana. Associa una varietà di sapori: arancia, succo di pomodoro, spezie, miele e cipolla. Detto così non suona bene, ma se viene preparato e lasciato a riposare una notte è sorprendentemente bevibile, specialmente se servito ben freddo. Dato che può essere preparato in anticipo, l'alto numero di ingredienti non rappresenta un problema.

La varietà di spezie nella bevanda è in grado di far risuscitare anche le papille gustative più spossate. La bevanda è ricca di vitamine, dato che contiene pomodori, succo d'arancia, lime e peperoncino. Il miele e la cipolla apportano calorie, alcune sotto forma di zuccheri facilmente assimilabili, le altre derivano invece da un complesso di carboidrati che rendono durevole l'effetto benefico.

75 ml di succo di pomodoro
30 ml di succo d'arancia appena spremuta
30 ml di Tequila Silver
1 cucchiaio da tè di miele trasparente
10 ml di succo di lime appena spremuto
Mezza fetta di cipolla, finemente tritata
Qualche fetta di peperoncino rosso e ben caldo, appena preparato
Qualche goccia di salsa Worcestershire
Sale a piacere

Versare gli ingredienti in uno shaker pieno di ghiaccio.
Scuotere bene per liberare il sapore del peperoncino.
Filtrare in un bicchiere Highball pieno di ghiaccio.
Guarnire con una fettina di lime sull'orlo del bicchiere.

VESPER MARTINI

3 shot di Plymouth Gin
1 shot di vodka
½ shot di vermouth secco

Mescolare tutti gli ingredienti con ghiaccio e filtrare bene in un bicchiere da Martini freddo.

Il Vesper Martini è quello originale di 007, «agitato, non mescolato», come documentato nel primo romanzo di cui James Bond è protagonista: *Casino Royale*.
Molti baristi credono che il Martini debba essere mescolato e non agitato, perché agitarlo rischi di «ammaccare» il gin. Tuttavia un Vesper è sempre agitato, dato che in tal modo si crea anidride carbonica e il drink si raffredda, assumendo così un aspetto leggermente torbido. L'agitare può lasciare minuscoli frammenti di ghiaccio in superficie, quindi filtrare sempre prima di servire.

VODKA MARTINI

1 shot di vodka
¼ di shot di vermouth secco
Un'oliva verde o una scorza di limone

Versare un paio di gocce di vermouth in un mixing glass riempito di vodka.
Mescolare e filtrare il vermouth rimasto, lasciandone uno strato sul ghiaccio.
Aggiungere del ghiaccio alla vodka e mescolare ancora.
Filtrare in un bicchiere da Martini freddo.
Guarnire sia con una scorza di limone sia con un'oliva.

WAKE-UP CALL

⅔ di shot di vodka
½ shot di Cointreau o triple sec
¼ di shot di succo di limone appena spremuto
2 shot di succo di pomodoro
Tabasco
Un pizzico di sale di sedano
Un pizzico di zucchero raffinato
Champagne

Versare tutti gli ingredienti, fatta eccezione per lo champagne, in uno shaker da cocktail pieno di ghiaccio.
Agitare.
Versare in un bicchiere Highball pieno per tre quarti di ghiaccio.
Riempire con champagne.
Mescolare.
Guarnire con una fettina di lime.

WHISKY MAC

1 shot di Scotch Whisky
1 shot di vino allo zenzero

Versare il whisky e il vino allo zenzero sul ghiaccio in un bicchiere piccolo.
Mescolare e servire.

Daniel Craig, *Casino Royale*

CASINO ROYALE (2006)
Regia: Martin Campbell

Interpreti: Daniel Craig, Eva Green, Mads Mikkelsen, Judi Dench, Jeoffrey Wright.

Casino Royale è il ventunesimo film della serie di James Bond. Basato sul romanzo scritto nel 1953 da Ian Fleming, è il primo in cui Daniel Craig impersona l'agente 007..

Il film racconta gli inizi della carriera di James Bond, allorché l'agente sta conquistandosi la sua famosa licenza di uccidere. Bond riesce a sventare un attacco terroristico all'aeroporto di Miami. Qui si innamora di Vesper Lynd (Green), una stupenda agente del tesoro incaricata di fornirgli il denaro di cui ha bisogno per prendere parte al torneo di poker organizzato dal malvagio Le Chiffre (Mikkelsen).

Edward Arnold e Constance Cummings, *Una notte d'oblio*

UNA NOTTE D'OBLIO (1935)
Regia: James Whale

Interpreti: Edward Arnold, Constance Cummings, Robert Young.

Un gruppo di ricche persone del bel mondo festeggia l'anniversario del fidanzamento di due amici con una festa dissoluta che si svolge in un ristorante. Nessuno sa che il proprietario del ristorante ha escogitato per rapire Vic, uno degli invitati, con la complicità del suo autista. Il mattino dopo la festa, Vic viene trovato morto e sua moglie Bette è sparita. A causa della quantità di alcol consumata, nessuno è in grado di ricordarsi qualcosa di quel che è accaduto la sera precedente.

WHISKEY SOUR

½ shot di bourbon
¼ di shot di succo di limone appena spremuto
¼ di shot di sciroppo di zucchero
3 dash di Angostura bitter
Un goccio di bianco d'uovo

Agitare tutti gli ingredienti in uno shaker con ghiaccio e filtrare in un bicchiere pieno di ghiaccio.
Guarnire con una ciliegia e una fettina d'arancia.

Il sapore aspro nei drink «sour» deriva dall'acidità del lime o dal succo di limone. Qualche volta viene preparato aggiungendo un poco di bianco d'uovo per renderlo più gradevole al gusto.

VALENCIA

½ shot di succo d'arancia appena spremuta
½ shot di brandy all'albicocca
Champagne

Versare il succo d'arancia e il brandy all'albicocca in un flûte e aggiungere champagne a piacere.

WHITE SWAN

Un nome affascinante per un drink a base di Sherry, miele e rosso d'uovo. Segue il principio del combinare zuccheri e un po' di alcol con il grasso e le proteine del tuorlo d'uovo. È stato inventato da Joe Familoe al Pub Three Swans del Forest Hills Inn di Long Island, New York. Va bevuto tutto d'un fiato. Poi, per fare i conti con la disidratazione, è consigliato il succo d'arancia.

1 shot di Sherry
Un cucchiaio da tè di miele semi liquido
1 tuorlo d'uovo
Latte
Noce moscata appena grattugiata

Mescolare bene i primi tre ingredienti e versarli in un bicchiere senza stelo di latte.
Cospargere di noce moscata appena grattugiata.

Claudette Colbert, *Accadde una notte*

ACCADDE UNA NOTTE (1934)

Regia: Frank Capra

Interpreti: Clark Gable, Claudette Colbert, Walter Connolly, Roscoe Karns, Ward Bond.

Una donna di mondo (Colbert) sta cercando di sfuggire all'influenza di un padre autoritario e si innamora di un cronista poco di buono. È stato il primo film a vincere i cinque Oscar più prestigiosi: miglior film, migliore regia, miglior attore protagonista, miglior attrice protagonista e sceneggiatura, eguagliato in seguito da *Qualcuno volò sul nido del cuculo* (1975). Il film divenne una commedia musicale, *Autostop*, interpretata nel 1956 da Jack Lemmon e Judy Allyson.

WHITE LADY

1 shot di gin
Succo di limone appena spremuto
Cointreau o triple sec
Bianco d'uovo

Mescolare insieme il gin, un buon dash di succo di limone, uno di triple sec e il bianco d'uovo.
Agitare in uno shaker da cocktail e filtrare in un bicchiere da Martini ghiacciato.

Per fare un Pink Lady aggiungere una linea di granatina e un altra spruzzata di gin.

A prima vista il White Lady è come un sidecar a base di gin invece che di brandy. Nessuno sa esattamente chi abbia inventato il Sidecar, mentre l'inventore del White Lady è stato, nel 1919, Harry MacElhone, capo barista al Ciro's Club a Londra. Originariamente preparato con Crème de Menthe, è stato in seguito modificato dallo stesso Mac Elhone che la sostituì con del gin.

ZOMBIE

½ shot di rum leggero
½ shot di golden rum
½ shot di rum giamaicano
½ shot di rum overproof
¼ di shot di maraschino
¼ di shot di succo di lime appena spremuto
¼ di shot di succo di pompelmo appena spremuto
¼ di shot di sciroppo di zucchero
2 dash di Angostura bitter
2 dash di Pernod
3 dash sciroppo di granatina

Mescolare tutti gli ingredienti con ghiaccio tritato e versare in un bicchiere Collins con tre cubetti di ghiaccio.
Aggiungere in chiusura una fettina di ananas, una fettina di arancia, una ciliegia e un rametto di menta.

L'origine dello Zombie è molto controversa. L'opinione più diffusa è che sia stato inventato da Don the Beachcomber nel suo ristorante di Hollywood nel 1934. Dovunque sia nato, è certamente uno dei migliori cocktail, come attestato da David Embury, che nel suo *The Fine Art of Mixing Drinks* descrive lo Zombie come «il nonno di tutti folletti e il prozio di tutti gli spiritelli maligni».

INDICE DEI FILM

Ultimi volumi pubblicati

166. Tommaso Pellizzari, *Inter: la dinastia. I Moratti da Herrera a Mourinho*
167. Silvana Giacobini, *Sophia Loren: una vita da romanzo*
168. Carlo Mazzone (con Marco Franzelli e Donatella Scarnati), *Una vita in campo*
169. Nino D'Angelo, *Core pazzo*
170. Dina Azzolini, *Per amore dei capelli*
171. Stefano Disegni, *Indemoniato! Pura furia satirica. Più che un autore una bestia*
172. Marc Eliot, *Clint Eastwood – Un ribelle americano*
173. David Kootnikoff, *U2 – Una biografia musicale*
174. David Henderson, *Scusami, sto baciando il cielo*
175. Marco Patucchi, *Maratoneti. Storie di corse e di corridori*
176. Arianna Chieli, nadiolinda, *Obiettivo: maschio! Il primo manuale per cacciatrici metropolitane*
177. Marta Tea Carpinelli, *Mi scrivi la ricetta?*
178. Maurizio Crosetti, *Campionissimi. Un giorno nella vita di trenta grandi ciclisti*
179. Larry Kane, *John Lennon. La vera storia di un genio frainteso*
180. Marjorie Hillis, *Chic! Vivere con eleganza ai tempi della crisi*
181. Gianni Fantoni, *La casa dalle finestre che spifferano*
182. Oliver Hamilton, *Star cocktails*

Stampato nell'ottobre 2010
per conto di Baldini Castoldi Dalai *editore* S.p.A.
da Ebner & Spiegel GmbH
nello stabilimento di Ulm – Germania

675-8
2010